클래식, 경계를 넘어

클래식,
경계를 넘어

김준희 지음

자유문고

일러두기

* 이 책은 『클래식을 만난 붓다』(2021년 세종도서 선정)의 개정
증보판입니다.

* 본문에 소개된 작품 68곡에 대한 QR코드가 수록되어 있으며,
이를 통해 유튜브에서 해당 곡을 감상할 수 있습니다.

프롤로그

'두 쪽으로 갈려 있는 / 이 잎은 본래 한 몸인가? / 사람들에게 하나로 보이는 / 이것은 본래 두 개인가? / 이런 물음을 궁리하다가 / 나 참 뜻을 깨달았다. / 그대는 내 노래에서 역시 / 내가 하나이며 또한 둘임을 느끼지 않는가?'

괴테의 『서동시집』에 실린 '은행나무'의 일부입니다. 이 작품집은 괴테가 페르시아의 시인 하피즈에게 영감을 받아 동방 세계의 가치를 새롭게 발견하여 집필한, 그의 유일한 단행본 시집입니다. 개정증보판을 출간하면서, 감히 괴테를 다시 떠올렸습니다. 클래식 음악과 불교를 융합하는 독창적인 해석을 대문호의 시집에 비유하고 싶었습니다. 괴테의 시에 붓다의 불이不二의 가르침이 선명하게 드러난 것으로 그동안의 융합 연구를 명쾌하게 설명할 수 있습니다.

『클래식, 경계를 넘어』에는 붓다의 심오한 가르침과 클래식 음악의 탁월한 아름다움을 엮는 독특한 23편의 여정을 담았고, 간결하고도 친숙한 '미니멀리즘' 음악과 경전의 내용을 덧붙였습니다. 이 책으로 독자들이 클래식 음악에 대한 이해의 폭을 넓힐 뿐만 아니라, 경계를 초월하는 원리에 더욱 가까이 다가갈 수 있기를 진심으로 바랍니다.

개정증보판을 출간하는 데 많은 분들이 함께해 주셨습니다. 축하의 글을 써 주신 조선동 선생님, 민화를 제공해 주신 원만심 작가님께 감사드립니다. 이름과 학교, 전공과 모든 것이 서로 같은, 표지 그림을 그려준 피아니스트 후배 김준희 선생에게도 특별히 고마운 마음을 전합니다.

클래식 음악이 BTS나 블랙핑크, NCT, 세븐틴, (여자)아이들의 노래처럼 모든 이의 귀에 착착 감기는 날이 오기를 꿈꿔봅니다. 더불어 고요함과 자비로운 진리가 독자 여러분의 마음속에 잔잔한 파문으로 오래도록 남기를 바랍니다. 여유로운 시간을 지식과 정서로 채우고자 하는 많은 이들에게 『클래식, 경계를 넘어』가 두 고전의 가치를 일깨워 주는 21세기의 『서동시집』이 되기를 바라며.

2024년 3월
김준희

개정 증보판 출간을 축하하며

조선동(예원학교 교사)

나는 대학을 졸업하자마자 예원학교에서 국어 선생을 하게
되었다. 선생이 된 첫해에, 나는 중학교 2학년 학생들과 수
업하였다. 선생과 학생이 고작 10살 터울이었다. 나이도 어
리고 경험도 없고 순 돌팔이 국어 선생이었다. 그런데도 학
생들은 나를 끔찍이 챙기고 선생으로 대접해 주었다. 그들의
환영과 환대를 나는 아직도 잊을 수 없다. 그 첫해에 만난 친
구 중 하나가 피아니스트 김준희이다.

지난해 그들의 학교 졸업 30년을 맞아 모교 방문 행사가
있었다. 푸르른 5월, 나는 이제 소녀티를 벗고 원숙한 성인
으로 성장한 그들을 반갑게 만났다. 김준희는 피아니스트로,
교수로, 또 글쟁이로 살아가고 있다고 했다. 부지런하고 재
주가 많은 친구이다. 그날 그의 책을 선물로 받았다. 이 책은
경전 한 꼭지와 클래식 음악 하나를 짝지어 설명한다. 예를
들면, 붓다의 탄생과 슈만의 교향곡 1번을, 사문유관四門遊觀

과 브람스의 호른 트리오 곡을, 붓다의 출가와 바흐의 무반주 바이올린 파르티타를 짝지어 설명하는 식이다.

5월에 받은 책을 12월에서야 다 읽었다. 제목을 보고 마음에 드는 부분부터 차례를 무시하고 읽었다. 한 챕터를 읽고 나서는 유튜브에서 그가 이야기한 음악을 찾아서 들었다. 서두르지 않고 게으르게 읽어나갔다.

저자는 별로 어울려 보이지 않는 클래식 음악과 불교의 접점을 찾아, 보통 사람들에게는 어렵게 느껴지는 클래식 음악과 불교 경전에 일반 대중들이 좀 더 관심을 가지기를, 또 어렵고 낯선 불교와 클래식 음악이 아닌 친근한 느낌의 불교와 클래식 음악을 만나게 되기를 바란다. 그는 전혀 어울리지 않아 보이지만, 사실 내면의 깊은 대화가 잘 통하는 두 사람을 짝지어 주는 유능한 소개팅 주선자이다. 눈썰미 있고, 수완 좋은 중매쟁이다.

내 어머니는 평생 병마와 싸웠다. 생로병사의 고뇌를 누구보다 뼈저리게 경험한 탓이었을까, 어머니는 신실한 불자佛子셨다. 어머니는 2023년 9월, 숨을 거두셨다. 이 책을 읽다 보면, 돌아가신 어머니를 만날 때가 있다. 다른 사람들은 무덤덤하게 느낄 문장에서 나 혼자 콧등이 시큰해지고 한참 동안을 애꿎은 천장을 쳐다보고 있어야 했다. 나는 불자도 아니고, 클래식 애호가도 아니지만, 근래에는 틈날 때마다 경전을 읽고, 먼 길을 운전할 일이 있거나 여가 시간에는 클래식 음악을 듣는다. 주로 저자가 소개한 경전이고 클래식 음악이다. 저자가 소개한 경전을 읽고, 클래식 음악을 듣는 일은 이제 나에게는 어머니를 향한 49재이다. 이 책의 서평을 쓴 김호성 교수의 말처럼 이 책은 한마디로 '교향곡 붓다'이다.

이제 다시 새롭게 단장하여 개정판을 선보이니, 재미나게 읽으시고, 어렵게 짝지어진 경전과 클래식 음악의 미래를 축복해 주시고, '교향곡 붓다'를 힘껏 연주한 김준희에게 힘찬 박수를 보내주시라. 멋진 앙코르곡으로 화답할 것이다. 김준희는.

화접도

1
온전한 아름다움, 봄

교향곡을 뜻하는 symphony는 그리스어로 'syn(함께)'과 'phone(울리다)'이 합쳐진 것에 그 어원을 두고 있으며, '동시에 울리는 음', 또는 '완전한 협화음'을 뜻합니다. 거의 모든 악기들이 총망라되어 있는 오케스트라가 함께 울리며 뿜어내는 음향은 마치 거대한 우주의 움직임과도 같습니다. 교향곡을 작곡한다는 것은, 작곡가에게는 완전한 하나의 생명체를 완성하는 것과 같은 의미를 가집니다.

로베르트 슈만(1810~1856)은 드라마틱한 인생처럼 작품을 만들어 내는 시기가 독특하여 시기별로 특정 장르에 집중된 경향을 보였습니다. 학생 시절부터 1833년까지는 기교에 집중된 피아노 작품을 주로 작곡했습니다. 손가락 근육 강화를 위해 도구를 개발하던 시기였기 때문이지요. 1839년까지는 소나타와 환상곡과 같은 규모가 큰 곡만 작곡했고, 1840년에는 캐릭터 피스(character piece; 성격 소품)들을 썼습니다. 또 그해에는 아내 클라라 비크(1819~1896)에 대한 사랑의 감정을 모두 쏟아 수십 개의 가곡을 작곡했습니다. 모두 평소 존경하던 프란츠 슈베르트(1797~1828)의 작품 못지않게 훌륭한 곡이었고, 슈베르트가 평생 교향곡의 작곡에 심혈을 기울였던 것처럼 슈만 역시 교향곡에 대한 갈망을 계속하게 되었죠. 실제로 슈만은 1838년 슈베르트의 교향곡 9번 유작을 발견하고 첫 교향곡에 대한 아이디어를 떠올리게 됩니다.

교향곡 1번 Eb장조 〈봄〉은 슈만이 결혼한 이듬해인 1841년에 작곡되었습니다. 이 곡은 사실 슈만의 음악적 성숙함을 나타내는 곡은 아닙니다. 그러나 인생의 완전한 협화음을 의미하는 안정적인 결혼 생활이 낳은 첫 번째 대작으로, 하나의 특별한 '탄생'이라는 의미를 담고 있습니다. 슈만은 이전에는 출판과 개인 레슨 또는 평론지 발간 등의 활동을 하는 와중에 틈틈이 작곡 활동을 이어간 불안정한 비정규직이었습니다. 그러나 결혼 후 안정된 생활을 기반으로 교향곡, 협주곡, 실내악곡 등 규모가 큰 작품들을 작곡하기 시작했고, 라이프치히 음악원에서 교편을 잡고 오케스트라의 상임 지휘자로 취임하는 등 음악가로서의 입지를 다질 수 있었습니다.

슈만
교향곡 1번 Eb장조 〈봄〉
연주 | 빈 필하모닉 오케스트라 · 지휘 | 레너드 번스타인

붓다는 기원전 6세기경 히말라야산 중턱에 위치한 카필라왓투(현재 네팔 타라이 지역)라는 작은 국가에서 태어났습니다. 왕비는 꿈에 여섯 개의 상아를 지닌 흰 코끼리가 몸속으

로 들어오고 난 후 태자를 잉태하였고, 출산의 시기가 다가오자 당시의 풍습대로 친정이 있는 데와다하(현재 네팔 루팡데히 지구에 있는 브트왈)로 떠났습니다. 그리고 룸비니 동산에 이르렀을 때 진통이 시작되었고, 곧 큰 고통 없이 남자 아이를 낳게 됩니다. 만물이 소생하는 봄. 그 봄의 한가운데 고타마 싯닷타, 훗날의 석가모니 붓다가 탄생하게 된 것입니다.

슈만의 교향곡 1번의 첫 악장은 트럼펫과 호른이 문을 두드리는 것 같이 봄을 알립니다. 곧 플루트와 오보에 등의 서정적인 선율이 이어집니다. 슈만은 이 교향곡에 스스로 '봄의 교향곡'이라고 이름 붙였습니다. 전 악장에 가득한 행복감 넘치는 선율들은 그가 이 교향곡을 작곡하면서 얼마나 기쁨에 차 있었는지를 말해줍니다. 아마도 그의 생애에 가장 아름다운 날이었을 것입니다. 슈만이 악보에 '잠을 일깨우는 소리'라고 직접 적어 놓았을 정도로 곡의 맨 첫머리는 확신에 찬 리듬으로 봄의 기쁨을 알려줍니다. 흔하지 않은 금관악기의 활기찬 서두는 고타마 싯닷타의 탄생의 서막을 알리는 신호를 뜻하는 것 같습니다.

바이올린과 첼로 그리고 오보에와 호른이 서로 넘나들며 온화한 느낌이 연출되는 느린 2악장은 평화로움 속에서도 곳곳에 숨어 있는 약동하는 봄의 에너지가 느껴집니다. 마치 따뜻한 봄날의 평온함과 아름다운 룸비니 동산에서의 마야

부인의 모습을 떠올리게 합니다. 마야 부인은 태자를 잉태했을 때 여느 산모들과는 달리 심한 입덧 같은 증상도 없었고, 낳을 때도 큰 통증 없이 순산하였습니다.

하나의 우주와 같은 거대한 교향곡의 작곡이 결코 쉬운 일은 아닐 텐데, 놀랍게도 슈만은 첫 번째 교향곡의 스케치를 한 달여 만에 끝내고, 두 달이 되지 않는 짧은 시간에 곡을 완성시켰습니다. 봄에 피어나는 생명에 대한 환희와 교향곡에 대한 슈만의 열정을 붓다의 탄생에 비유할 수 있을까요?

부인 클라라는 그녀의 일기에서 다음과 같이 서술하고 있습니다. "슈만은 이 교향곡을 구상하던 중, 시인 아돌프 뵈트거(1815~1870)의 시의 한 구절인 '바꾸어라, 당신의 모든 것을. 봄이 가까이 왔다'에서 큰 영감을 받은 것 같다."

또한 슈만은 이 곡을 출판하기 직전까지 각 악장에 '봄의 시작', '봄날의 밤', '즐거운 놀이', '봄의 만개' 등의 제목을 넣으려고 고심했을 만큼 이 교향곡에 큰 의미를 부여했습니다. 유난히 당김음이 많이 사용된 빠른 스케르초scherzo 악장은 문득, 아들의 탄생 후 미래를 보고자 아시타 선인을 찾은 숫도다나 왕의 일화를 떠오르게 합니다. "태자께서 왕위에 오르면 전 세계를 통치하는 전륜성왕이 될 것이며, 출가한다면 최고의 깨달음을 얻어 인류의 스승, 붓다가 되실 것입니다." 라는 아시타 선인의 예언처럼, 교차되는 바이올린을 필두로 한 날렵한 선율들과 바순과 클라리넷의 응답은 숫도다나 왕의 기쁨을 표현한 것 같습니다.

슈만은 1악장의 팡파르 선율을 다시 한 번 마지막 악장에 재현시키면서 전체적으로는 봄의 당찬 기운을, 각 악장에는 봄의 기쁜 기운을 담고자 했습니다. 싯닷타는 우리가 알고 있듯이 '모든 것을 성취한 자'라는 뜻입니다. 이 마지막 악장에서 모든 악기가 총출동하여 나타낸 봄의 환희를, 모든 것을 성취할 붓다의 탄생을 축하하는 만개한 봄의 정경으로 환치시켜 생각해 보면 어떨까요.

수많은 예술가곡은 물론이고 비발디의 사계 중 〈봄〉, 베토벤의 바이올린 소나타 5번 〈봄〉, 멘델스존의 무언가 중 〈봄노래〉, 요한 슈트라우스 2세의 〈봄의 소리 왈츠〉 등 제목에서부터 봄의 향기를 느낄 수 있는 곡들을 어렵지 않게 찾을 수 있습니다. 그러나 봄날의 따사로운 햇볕이나 가벼운 노래, 즐거운 나날들과 같은 단편적인 봄의 아름다움의 분위기에 국한되지 않고 하나의 완벽한 '봄'을 느낄 수 있는 곡은 단연 슈만의 교향곡 〈봄〉입니다.

거대한 오케스트라의 음향으로, 슈만의 교향곡 〈봄〉을 붓다 탄생의 경이로움을 나타낸 완성된 풍경으로 느끼며 감상해보길 권합니다. 끝으로 슈만이 작곡가 친구인 빌헬름 타우베르트에게 보낸 편지를 보겠습니다.

"오케스트라가 연주될 때, 그 안으로 들어오는 작은 봄을 맛볼 수 있을까. 내가 이 곡을 처음 쓸 때의 마음이 바로 그것이네. 깨어나라고 부르는, 마치 하늘에서 전하는 소리 같은 이 트럼펫 소리를 나는 사랑하네. 더 나아가 초록빛으로 점차 변해가는, 나비도 날갯짓하는 세상을 나타내는 이 음악을 나는 사랑하네. 그리고 마지막 Allegro 악장, 봄의 회생에 만물의 행동이 달라지는 모든 것들 …… 그것을 나는 이 작품을 마친 후에 깨닫게 된다네."

연화도

2
—
소
확
행

무라카미 하루키(村上春樹, 1949~)는 수필집 『이렇게 작지만 확실한 행복』에서 소확행小確幸, 즉 일상에서 작지만 확실하게 실현 가능한 행복을 이야기하고 있습니다.

> "…… 막 구운 따끈한 빵을 손으로 뜯어먹는 것, 오후의 햇빛이 나뭇잎 그림자를 그리는 걸 바라보며 브람스의 실내악을 듣는 것 ……"

음악에 조예가 깊은 하루키가 이야기한 요하네스 브람스(1833~1897)의 실내악 중 어떤 곡이 확실한 행복을 줄 수 있는 작품인지 궁금해집니다. 아마도 브람스 음악 전반에서 느낄 수 있는 진중함과 침착함이 이런 소중한 느낌으로 표현된 건 아닐까요?

숫도다나 왕은 청년기에 접어든 싯닷타에 대해 걱정이 생기기 시작했습니다. 아시타 선인의 예언 중 출가를 할 수도 있다는 두 번째 예언이 마음에 걸렸기 때문입니다. 부왕은 최대한 아들에게 좋고 귀한 것만을 보고 듣게 하고 싶었습니다. 그래서 계절에 맞는 궁전을 지어주었으며, 시중을 드는 남녀 하인들은 물론이고 온갖 부귀영화를 누리도록 했습니다. 그러나 언제나 예감은 원하지 않는 방향으로 다가오는 법이지요.

결혼 후 싯닷타 태자는 부왕의 허락을 받고 카필라 성 밖으로 나가 백성들의 삶을 구경할 수 있게 되었습니다. 성 밖에서 본 세상의 모습은 그에게는 새로운 충격이었습니다. 이 나들이는 결국 출가의 직접적인 계기가 되었습니다. 이를 훗날의 사가들은 사문유관四門遊觀이라고 이름 붙였습니다. 이는 싯닷타 태자가 카필라 성 밖에서 생로병사, 즉 인생의 네 가지 고통을 직접 보고 출가를 결심하게 된 것을 설명하는 말입니다.

브람스는 강건하고 소박한 북부 독일 지역 출신답게 겉으로 드러나는 지나친 화려함을 경계하고 음악의 기본에 충실한 깊이 있는 음악을 만들어 내고자 했습니다. 내면적 성찰이 강한 브람스의 성향에 잘 맞는 장르는 실내악이었습니다. '카메라(방, 또는 Chamber) 안에서 연주되는 음악'이라는, Musica da Camera라는 말에서 그 어원을 찾을 수 있는 실내악(Chamber Music)은 적은 인원으로 연주되는 형태로 앙상블이라고도 부릅니다.

브람스가 남긴 17개의 실내악 작품 중에서 가장 특이한 구성으로 되어 있는 호른 트리오를 살펴보면 그가 얼마나 호른을 사랑했는지 알 수 있습니다. 호른은 금관악기 중에서 가장 먼저 오케스트라에 도입된 악기입니다. 오케스트라에서는 상당히 중요한 역할을 차지하는 이 악기는, 마우스피스부터 벨까지의 길이가 무척이나 길기 때문에 음색과 그 울림은 깊지만 깨끗하고 정확하고 명료한 소리를 내는 것은 상당히 어렵습니다. 그래서 독주로 연주되는 경우는 드문 편이죠. 이런 낯선 악기를 주인공으로 내세워 거의 독주곡에 가까운 역할을 맡겼다는 점에서, 브람스가 독특하면서도 신중하고 사려 깊은 사람이라는 것을 알 수 있습니다.

브람스의 호른 트리오 Eb장조, Op. 40을 들으면 사문유관의 여정이 느껴집니다. 일반적으로 실내악곡의 첫 악장은 소나타 형식인데, 이 곡의 첫 악장은 그렇지 않습니다. 마지막 악장에 주로 쓰이는 론도 형식, 즉 주제와 에피소드가 반복하며 교차되는 형식이 첫 악장에 배치된 매우 독특한 구조입니다. 온화하게 시작되는 바이올린과 피아노의 목가적 분위기의 코드 위에 아주 먼 곳에서 들려오는 듯한 호른의 주제가 등장합니다. 이 첫 악장의 편안한 호른의 선율과 Eb조의 분위기는 다소 지루하지만 부족함 없이 평온한 싯닷타의 궁

브람스
호른 트리오 Eb장조
연주 | 르노 카퓌송, 펠릭스 로스, 테오 푸셰너레

궐 생활을 연상케 합니다. 하지만 호른의 분위기와 톤을 같이하는 애잔하기까지 한 바이올린 선율과 그 둘을 지지하는 피아노의 견고한 패시지는 종종 숨어 있는 열정을 표출합니다. 이는 곧 있을, 29세의 싯닷타의 내면에 있는 소용돌이에 빗대어 볼 수 있습니다.

두 번째 악장은 전체적으로 선율이 재빠르게 흘러가는 3/4박자의 스케르초 악장입니다. 적절한 템포와 활기찬 스타카토staccato 선율이 결코 가볍지 않게 중간 중간 강조되는 음들을 가지고 있는 이 악장은 성문 밖에서 마주친 사건들을 떠올리게 합니다. 홀로 나선 첫 나들이에 대한 기대감과 앞으로 마주하게 될 세상의 민낯이 주는 놀라운 장면을 표현한 것 같습니다.

설렘·충격·절망 등 지금까지 느낄 수 없었던 감정들과 세상이 감추고 있던 늙음·병듦·죽음을 대하기 전, 태자는 그야말로 걱정할 것이 하나도 없었을 것입니다. 하지만 장막 뒤의 현실을 직면하고 놀라움과 절망에 휩싸이게 됩니다. 노병사老病死에서 벗어날 수 없다는 자각은 지금까지 누려왔던 모든 풍요로움을 한순간에 빼앗아 버렸습니다. 북문 나들이에서 수행자와의 만남은 태자에게 절망 속에 마주한 한 줄기 빛과 같았습니다.

가장 브람스적인 악장인 세 번째 느린 악장은 흔히 말하는 비가elegy 악장으로, 고전주의적인 형식미 위에 낭만적인 성향을 견고하게 드러낸, 브람스가 즐겨 사용하는 대위법적인 작곡법이 돋보입니다. 곡의 전반을 지지하는 피아노 선율 위에 바이올린과 호른의 선율이 Eb단조라는 다소 무거운 조성으로 펼쳐집니다. 특히나 느린 걸음걸이로 다가오는 선율은 싯닷타가 느꼈을, 인간이라면 누구나 늙고 병들고 죽어야만 한다는 피할 수 없는 근심의 세계를 떠올리게 합니다. 피아노 리듬이 변형되어 빠른 걸음걸이로 표현되는 부분은 북문의 출가사문을 마주한 싯닷타의 심리 상태에 견주어 봅니다. 리듬 화성의 변화는, 초췌하지만 맑고 강인한 눈빛과 평온한 얼굴의 수행자의 모습을 떠올리게 합니다. 작은 희망을 발견하고 출가로의 결심을 재촉하는 것으로 비유해서 생각해 볼 수도 있습니다.

슬픔을 이겨낸 기쁨으로 비유하는 학자도 있을 만큼 마지막 악장은 여느 피날레와 같이 빠른 템포의 악장으로, 앞의 세 악장에서 보여 준 주제의 조각들을 모두 담고 있습니다. Eb장조에서 경쾌한 16분음표의 시작으로, 다른 악장보다 바이올린의 화려한 선율이 돋보입니다. 당당하게 휘몰아치는 듯한 4악장은 출가의 결심과 그것을 실행에 옮기는 청년 싯닷타의 강건한 모습을 상상해 볼 수 있습니다. 특히 곡의 클라이맥스에서 여덟 마디 동안 계속되는 Eb의 반복음은 굳은 의지의 표본으로 느껴집니다. 30여 분에 달하는 이 대곡에서 호른 연주자는 끝으로 갈수록 자신의 모든 기교와 음악성을 발휘하게 됩니다. 마치 또 다른 세상, 출가의 길을 가기 직전의 청년 싯닷타의 강한 모습과도 닮았습니다.

브람스는 오케스트라에서 중요한 역할을 하면서도 한 번도 주인공이 되지 못했던 호른이라는 악기에 독주에 가까운 역할을 맡겨 무대의 앞쪽으로 끌어냈습니다. 동시에 언제나 앙상블에서 주인공 역할을 도맡아 했던 바이올린에 호른의 따뜻한 음색을 잘 받쳐주며 더욱 돋보이게 하는 조력자 역할을 부여했죠.

햇볕이 내리쬐는 오후에 브람스의 유일한 호른 트리오를 들으며 붓다가 출가를 결심하게 된 사문유관을 되짚어 보면 좋겠습니다. 어스름한 저녁녘이어도 좋고, 눈이 소복하게 쌓인 어느 겨울 아침이어도 좋습니다. '작지만 확실한 행복' 또는 '작지만 선명한 깨달음'이 찾아올 것 같습니다.

호작도

3 | 절대적이고 명료한 사랑

사문유관 이후 12년이 흘렀을 때, 29세의 고타마 태자는 야소다라와의 사이에서 첫 아들 라훌라를 얻게 됩니다. 출가에 대한 식지 않는 열정 때문이었을까요? 결혼 후 10년이 지나서야 보게 된 첫 자식을 경전에서는 이렇게 이야기하고 있습니다.

"속박을 낳았구나. 그러나 이 새로운 속박이 다른 사람에게는 위안이 될 것이다."

'라훌라'라는 이름은 우리가 알고 있듯이 '장애'를 뜻합니다. 하지만 '장애'라는 것이 단순히 해가 되거나 앞을 가로막아 걸리적거리는 것만을 의미하지는 않았습니다. 당시의 귀족들은 '아슈라마'라고 하는 규칙에 따라 노년기에 출가를 하는 것이 일반적이었는데, 붓다는 훨씬 이른 29세에 출가를 하게 되었으니 어떤 면에서는 브라만교 사회의 규범을 어긴 것이라고 볼 수도 있습니다. 하지만 보수적인 사회에서 대를 잇는 아들을 남겨 왕족으로서의 최소한의 의무를 한 것이 한편으로는 출가를 강행할 수 있는 배경이 되었으리라고 이해할 수 있습니다.

러시아의 작곡가 드미트리 쇼스타코비치(1906~1975)의 재즈 모음곡 2번 중 첫 번째 곡인 왈츠를 들으면 말로 표현하기 힘든 어떤 감정이 밀려오는 것을 느낄 수 있습니다. 영화 〈번지점프를 하다〉(2001)와 〈아이즈 와이드 셧〉(1999)의 OST에도 사용되어 많은 사람들에게 익숙한 이 곡은 약간 우수에 찬, 그러나 너무 슬프지 않은 분위기를 갖고 있습니다.

쇼스타코비치
재즈 모음곡 중 〈왈츠〉
연주ㅣ베를린 필하모닉 오케스트라 · 지휘ㅣ리카르도 샤이

두 마디의 왈츠 리듬 후에 곧바로 이 곡 전체를 아우르는 색소폰의 고독에 찬 선율이 등장하고, 곧이어 플루트, 오보에, 피콜로 등이 응답합니다. 현악기를 포함한 오케스트라 전체가 이 선율을 반복하고, 담담한 C단조의 주제가 끝나면 E♭장조의 또 다른 주제가 등장합니다. 관계조로의 조성의 변화와 조금은 밝은 분위기로의 전환 이외에는 크게 대조적인 분위기는 느껴지지 않습니다. C단조의 첫 주제가 반복될 때에는 트롬본이 주선율을 담당하고 있습니다. 색소폰과 잘 어우러지는 음색을 가진 트롬본의 선율에 이번엔 금관악기가 화답하고, 다시 한 번 주제를 반복하면서 이 곡은 마무리됩니다.

보통 어떤 곡의 주제는 강한 암시나 또렷한 주장을 나타내는 경우가 많습니다. 이 왈츠는 두 개의 주제가 등장하지만 두 주제 모두 강렬한 이미지를 남기지는 않습니다. 하지만 이 곡의 두 주제의 선율들은 듣는 이의 뇌리에 이상하리만치 확실하게 저장됩니다. 정확하게 알 수는 없는, 그러나 어떤 낮은 목소리의 암시를 담고 있는 듯한 상상을 하게 합니다. 어쩌면 일생의 '장애'라고는 하지만, '상당히 위험하거나 무서운 것'이 아니라, '단지 감당해 내야 할 그 어떤 것'이라는 의미를 담고 있는 고타마의 아들 '라훌라'가 이 주제 선율과 같은 존재가 아닐까요?

쇼스타코비치는 구 소련 체제에서 광폭狂暴의 시대를 살다간 음악가입니다. 스탈린 체제에서, 그의 음악이 시대를 반영하거나 또는 시대의 요구를 따르거나 반대로 시대를 비판했다고 평가받는 것과는 무관하게, 그의 음악에 대한 따뜻한 감성을 느낄 수 있는 작품이 바로 피아노 협주곡 2번 F장조입니다. 1957년에 작곡된 이 두 번째 피아노 협주곡은 24년 전 작곡된 첫 번째 피아노 협주곡과는 사뭇 다릅니다. 협주곡 1번에서 쇼스타코비치는 러시아 특유의 추진력 있는

쇼스타코비치
피아노 협주곡 2번 F장조
연주 | 필라델피아 오케스트라 · 지휘 | 야닉 네제 세겐 · 피아노 | 유자왕

분위기 위에 피아노의 까다로운 기교와 재기발랄함, 그리고 긴장감 넘치는 타악기적인 면모와 서정성을 모두 나타내고 싶었던 것 같습니다.

피아노와 트럼펫을 위한 협주곡이라고 해도 될 만큼 마지막 악장까지 필요 이상으로 밀도 있는 긴장감을 유지하는 트럼펫 파트에도 그의 욕심이 가득 담겨 있습니다. 신고전주의적 요소와 러시아 특유의 행진곡 리듬 등 쇼스타코비치의 작품 전반에 깔린 음향은 피아노 협주곡 2번에서도 역시 찾아볼 수 있지만, 두 번째 협주곡에는 곡 전체를 관통하는 '명료함'이 존재합니다.

18분 남짓한 이 곡의 첫 악장과 마지막 악장은 몇 마디를 제외하고는 모든 선율이 유니즌unison으로 이루어져 있습니다. 음악에서 유니즌 또는 옥타브가 뜻하는 것은 단순함과 강조, 단 두 가지입니다. 음향으로 실현되었을 때 듣는 이가 느끼는 것은 간결함과 투명함 그리고 정확함이죠. 쇼스타코비치는 아들 막심(1938~)의 생일에 맞추어 이 피아노 협주곡을 작곡했습니다. 피아니스트였던 아들 막심은 그의 모스크바 콘서바토리 졸업 연주무대에서 이 곡을 처음 연주했습니다. 어린 아들을 위해 작곡된 이 곡은 흥미진진하고 발랄함을 갖춘 1악장과 지극히 아름답고 서정적인 2악장 그리고 어느 정도 피아노 교습을 받은 학생이라면 누구든지 알아차릴 만한 『하농 교재』의 선율을 담고 있는, 쉼 없이 달려가는 3악장으로 이루어져 있습니다. 사랑하는 아들이 졸업연주회에서 훌륭하게 연주하기를 바라는 아버지의 마음이 담겨 있어, 이 곡은 기교적으로 과도하게 어렵지 않으면서도 연주자의 화려한 역량을 드러내기에 적합합니다.

아버지의 바람대로 아들 막심은 이 곡을 훌륭하게 소화해 냈고, 지휘자로 성장하게 됩니다. 또한 소련 국립교향악단의 부지휘자가 되어 아버지의 작품을 널리 알립니다. 1972년에는 묻혀 있던 교향곡 5번과 새로 발표된 교향곡 15번을 초연하여 세계적으로 화제가 되기도 했으며, 서독 망명 후 아버지의 곡을 서구 세계에 알리는 데 큰 공헌을 했습니다. 또한 졸업무대에서 연주했던 피아노 협주곡 2번을, 지휘자로서 이 무지치 드 몬트리올 관현악단을 이끌고 아버지를 피아노 협연자로 레코딩하기도 했습니다.

일곱 살 어린 아들을 출가시킨 붓다는 자신이 가장 신뢰하는 제자 사리풋타에게 아들을 맡깁니다. 붓다는 불교사 최초의 동자승인 라훌라를 때로는 엄하게 때로는 자상하게 수행의 길로 분명하고도 확실하게 안내해 주었습니다. 그 역시 부성애를 지닌 아버지였던 것입니다. 라훌라는 아버지의 바람에 부응하여 수행의 완성자, 아라한이 되었습니다. 그리고 후세에는 붓다의 10대 제자 중 한 사람으로 이름을 남기게 됩니다.

  동서고금을 막론하고 아버지의 자식에 관한 사랑은 절대
적입니다. 쇼스타코비치와 그의 아들 막심의 음악가로서의
인생과 아버지 붓다를 따라 같은 길을 걷게 된 라훌라의 이
야기는 피할 수 없는, 그리고 숨길 수 없는 절대적이고도 명
료한 사랑, 부성애를 다시 한번 생각하게 합니다.

화훼도

4
남겨진 이들을 위한 노래

흔히 붓다의 출가를 '위대한 포기'라고 이야기합니다. '내려놓기 어려운 것을 포기했다'는 의미와 함께 동시에 '더 큰 성취를 위해 포기했다'는 의미이기도 합니다.

잘 알려져 있듯이 붓다는 29세의 나이에 첫 아들 라훌라를 보게 되었고, 라훌라가 탄생한 바로 그날 출가를 결심합니다. 아내 야소다라에 대한 연민, 그리고 부왕 숫도다나와 온갖 사랑으로 자신을 키워준 이모이자 양모인 마하파자파티에 대한 사랑을 뒤로 한 채, 출가의 위대한 발길을 내딛었습니다.

남겨진 야소다라와 숫도다나, 그리고 마하파자파티의 심정은 어떠했을까요. 사실 이들이 처한 입장은 각각 다르지만, 태자 싯닷타를 한결같이 바라보고 있다는 공통점을 가지고 있습니다. 이들에게 태자는 세상의 모든 것이었고, 삶의 의미와도 같았죠. 어느 날 모든 것을 던져버리고 출가의 삶을 선택한 싯닷타는 이들에게 한순간에 예상할 수 없는 '이별'을 안겨준 것입니다. 그 '이별'이 가져다 준 슬픔과 고통은 이루 말할 수 없는 아픔이었습니다.

이탈리아의 작곡가 토마소 비탈리(1663~1745)의 바이올린 독주곡 〈샤콘느〉의 전반에는 슬픔의 정서가 담겨 있습니다. '샤콘느Chaconne'는 원래 바로크 시대 스페인에 기원을 둔 3박자의 춤곡이 변주곡 형태로 발전된 것입니다. 특히 바로크 시대의 기본이 되는 통주저음을 기본으로 화려한 음형들이 펼쳐집니다. 비탈리의 〈샤콘느〉는 특히 일정한 화음 안에서 점점 고조되는 선율들로 마음속을 긁는 듯한 어떤 슬픔, 또는 고통을 표현하는 것만 같습니다. 싯닷타의 출가 뒤에 '남겨진 이들의 슬픔'을 '지상에서 가장 슬픈 음악'이라는 애칭을 가진 이 〈샤콘느〉에 빗대어 보면 어떨까요.

비탈리
〈샤콘느〉
바이올린 | 레이첸 · 피아노 | 줄리엔 쿠엔틴

낭만주의 문학가 빌헬름 바켄로더(1773~1798)는 "음악은 인간의 감정을 초인간적인 방법으로, 일상에서 쓰이는 일반적인 언어 이상의 언어로 표현하는 예술"이라고 했습니다. 시종일관 흐르고 있는 감성과 호소력은, 마치 가슴을 에는 슬픔과 고통에 직면한 야소다라와 숫도다나, 그리고 마하파자파티를 비롯한 남겨진 이들의 마음을, 말로는 표현할 수 없는 음악의 언어로 대변해주는 것 같습니다.

비탈리는 바로크 시대의 작곡가로 알려졌지만 작품의 숫자가 적고 사료가 부족합니다. 특히나 이 작품은 그의 다른 작품에 비해 18세기의 작품이라고는 믿어지지 않을 정도의 과감한 조성 변화와 격정적인 낭만주의적 정서를 담고 있어 많은 학자들이 진위 여부에 대한 의견을 제시하기도 합니다. 어쨌든, 이 화려하고 아름다운 작품은 바이올린 문헌에 중요한 자리를 차지하고 있는 보석과 같은 곡임에는 틀림없습니다. 종결되는 듯하다가 다시 새로운 선율로 시작하는 부분들은 차마 '아프다'는 말도 할 수 없었던 이들의 눈물, 온 힘을 다해 맨손으로 벽을 긁으며 고통을 감내하는 모습을 나타내는 것 같습니다.

남겨진 사람들의 시각에서 본 이별의 순간은, 전혀 다른 세상으로 긴 여정을 떠나는 싯닷타에게는 또 하나의 '탄생'이라고 할 수 있을 것입니다. 붓다의 일생은 탄생·출가·깨달음·열반의 네 가지 큰 사건으로 나눌 수 있는데, 그중 출가는 일생의 가장 큰 사건으로, 소위 말하는 '인생의 터닝 포인트'입니다. 또한 깨달음의 순간은 진정한 의미의 새로운 탄생인 것이죠. 마치 빅뱅이 한순간에 폭발하는 것처럼, 새로운 정신적인 자각이 일어나는 것을 의미합니다. 또한 열반은 앞의 세 가지 탄생에 대한 완성적인 측면에서 완전한 탄생의 의미를 부여할 수 있을 것입니다.

또 다른 세상을 향해 나간 한 걸음 한 걸음에는 형언할 수 없는 깊은 슬픔이 새겨져 있었을 것입니다. 그 슬픔을 극복하는 과정이 바로 출가의 여정이었습니다. 붓다는 출가의 길에 수반되는 아픔과 고통을 묵묵히 감내하면서, 모든 것을 포기함과 동시에, 버려진 넝마조각을 걸치고 마가다국의 라자가하로 발길을 옮깁니다.

바로크 시대의 대표적인 작곡가 요한 제바스티안 바흐(1685~1750)의 무반주 바이올린을 위한 파르티타 2번, BWV 1004의 마지막 곡 역시 〈샤콘느〉입니다. 바이올린 독주를 위한 파르티타와 소나타 중 가장 규모가 크고 완성도가 높은 악장으로 많은 경우에 단독으로 연주됩니다. '영원으로의 끝없는 비상'으로 소개되는 이 곡은 비탈리의 〈샤콘느〉와는 상당히 다른 느낌으로 다가옵니다. 영화 〈바이올린 플레이어〉(1995)의 마지막 장면에 삽입되어 많은 이들에게 사랑과 공감을 받기도 했죠.

바흐
〈샤콘느〉
바이올린 | 정경화

세상이라는 넓은 무대로 출가를 감행하는 싯닷타와 좁은 무대를 뛰쳐나와 고독하고 지친 영혼들을 위로하는 바이올린 플레이어의 모습을 함께 떠올리며 〈샤콘느〉를 감상해 보기를 권합니다. 비탈리의 〈샤콘느〉가 슬픔의 정서를 있는 그대로의 모습으로 직접적이고 애절하게 풀어 낸다면, 바흐의

〈샤콘느〉는 조금 더 대범하고 비장한 각오 속에 절제된 모습으로 승화시킵니다. 이탈리아의 낭만주의 시대 작곡가 페루치오 부조니(1866~1924)는 이 강렬하고 비극적인 〈샤콘느〉를 피아노를 위한 작품으로 편곡하여 그 웅장함을 재창조했습니다.

바흐-부조니
〈샤콘느〉
피아노 | 엘렌 그뤼모

바흐의 〈샤콘느〉를 부조니의 편곡으로 들으면 출가의 순간을 맞이한 싯닷타의 단호함이 더욱더 뚜렷하게 전해집니다. 피아노의 넓은 음역으로 풍부한 울림과 꽉 찬 화성의 장엄함을 보여 주는 이 편곡은, 먼 곳에서 들려오는 오르간의 음색부터 바이올린의 섬세한 현의 떨림까지 오케스트라의 넓고 장대한 색채를 표현하고 있습니다. 또한 바이올린 작품과 마찬가지로 화려한 기교를 담은 패시지, 반복음의 잦은 사용, 스타카토와 레가토를 동시에 연주하는 주법 등 다양한 테크닉을 담고 있습니다.

음악은 감정의 예술입니다. 작곡가는 작품을 통해 감정을 드러내고, 연주가는 연주를 통해 감정을 표현하고, 청중은 본인의 감정을 통해 그 작품을 감상하며 작곡가와 연주가가 의도하는 감정을 받아들입니다. 싯닷타의 출가를 두 가지 측

면, '이별의 아픔'과 새로운 탄생 위한 '고통의 감내'의 관점
으로 바라보며 바흐와 부조니의 〈샤콘느〉를 감상해보면 어
떨까요.

연화도

5

아침이 되어주는 음악가

요제프 하이든(1732~1809)은 '교향곡의 아버지'라고 불립니다. 평생 100여 곡의 교향곡과 60여 곡의 현악 4중주를 작곡하며 그가 음악사에서 큰 족적을 남길 수 있었던 데에는 후견인의 역할이 컸습니다. 1761년, 하이든은 헝가리의 귀족 파울 안톤 에스테르하지의 카펠마이스터가 되었습니다. 오케스트라의 지휘와 음악감독 그리고 위촉 작곡가의 역할을 하게 된 것이죠. 1년 후 파울의 동생인 니콜라우스 에스테르하지 공이 궁정 악단을 맡으며 본격적으로 하이든의 전성시대가 열리게 됩니다. 하이든은 일정한 봉급을 받으며 안정된 신분으로 에스테르하지 가문에서 30년이나 일했습니다.

하이든이 봉직하던 에스테르하지 가문은 대규모의 오케스트라가 중심이 되는 공개 음악회는 물론이고 애호가들이나 선택된 소수의 친구들만 초대된 비공개 음악회를 열기도 했습니다. 하이든은 비공개 음악회를 위해 실내악 작품들도 작곡하기 시작했습니다. 작은 살롱에서 소규모 관객을 상대로 한 음악회에 가장 적합한 규모의 장르인 트리오나 현악 4중주 작품이 탄생하게 된 배경이라고 할 수 있습니다. 에스테르하지 공은 유망한 젊은 연주자들을 발굴하는 안목과 재력을 동시에 지녔고, 하이든이 훌륭한 작품을 쓰고 발표하는 데 든든한 지원자가 되었습니다.

하이든은 다섯 악장의 짧은 춤곡이나 작은 규모의 악장들로 구성된 디베르티멘토의 형태로 존재해 왔던 현악 4중주를 짜임새 있는 네 악장의 구성으로 압축시켰습니다. 또한 교향곡에서와 같이 느린 두 번째 악장에서 론도, 변주곡 등 다양한 형식을 시도했습니다. 하이든의 현악 4중주 D장조, Op.50-6은 '개구리'라는 애칭을 가지고 있는 작품입니다. 1악장부터 마지막 악장에 이르기까지 겨울잠에서 깨어난 개구리의 뛰노는 모습이 연상되는 활기찬 작품으로 봄의 밝은 기운이 느껴집니다.

하이든
현악4중주 D장조, Op.50-6 〈개구리〉
연주 | 아니아 필로초프스카, 케빈 린, 에리카 그레이, 올리버 허버트

Op.50 이전까지의 작품들은 대중 공연이나 출판을 우선적으로 염두에 두었기 때문에 하이든만의 독특한 작품세계가 잘 드러나지는 않습니다. 그러나 이 시기에는 하이든이 현악 4중주에 대한 경험적 연구와 더불어 진보적이고 실험적인 시도를 하게 되었고, 이 규모가 크고 신선한 곡들은 연주자들에게 더욱더 환영을 받게 되었습니다. 에스테르하지

공의 전폭적인 작품 활동에 대한 지지는 수많은 작품을 탄생시킨 것뿐만 아니라, 그 작품이 널리 알려지는 데 큰 영향력을 끼쳤습니다.

마가다국의 빔비사라(B.C.543~B.C.491) 왕은 여러 사람을 보던 중에 싯닷타를 만나게 됩니다. 유난히 자태가 범상치 않았기 때문에 많은 사람들 속에서도 눈에 띄었습니다. 가까이에서 본 출가자 싯닷타는 누가 보아도 지혜와 식견이 뛰어난 인물이었습니다. 24세의 젊은 빔비사라 왕은 싯닷타에게 함께 올바른 정치를 하며 나라를 다스려 보는 것이 어떻겠냐고 물었습니다.

당시 마가다국은 이웃 코살라국과 함께 16개국의 북인도 국가 중 가장 세력이 큰 국가였습니다. 하지만 싯닷타는 "저는 세상의 쾌락과 욕망에서 고통을 보았습니다."라는 말로 빔비사라 왕의 제안을 거절합니다. 왕은 태자의 결심이 확고함을 확인하고 "당신이 원하는 삶을 성취하거든 저를 찾아주기 바랍니다. 제가 당신의 후원자가 되겠습니다."라고 말했습니다.

6년 뒤, 싯닷타는 '깨달은 자', 즉 '붓다'가 되어 빔비사라 왕과 재회했으며, 빔비사라는 왕으로서는 최초로 붓다의 제자가 됩니다. 빔비사라의 귀의는 남다른 의미를 지닙니다. 당시 가장 강력한 국가였던 마가다국 왕의 귀의는 순식간에 북인도 일대에 알려지게 되었고, 이는 붓다의 활동에 가장 단단한 배경이 되었습니다. 빔비사라 왕은 죽림정사를 기증하여 붓다와 그 제자들이 수행에 전념할 수 있는 환경을 조성해 주었습니다. 뿐만 아니라 붓다의 제자들이 사회적으로 보호받고 존경받을 수 있는 분위기를 만들어 주었으며, 이는 기성 종교와 사상가들에게 크나큰 위기의식을 불러일으키기도 했습니다.

붓다는 당시 바라문 중심의 세계 질서를 정면 비판했습니다. 그 결과, 왕권을 강화하여 새로운 질서를 만들고자 한 통치 계층과 신흥 강자로 부상한 자산가들에게 커다란 호응을 받게 되었습니다. 붓다가 카스트와르나 제도의 중간 계급이던 이들에게 사회 전면의 지도자적 위치로 부상하는 데 큰 힘을 실어 주었기 때문이었습니다.

붓다는 전통을 적절히 수용하는 태도로, 기존의 종교나 사상에서 널리 알려진 것을 그의 입장에서 재해석하여 대중들에게 전파했습니다. 설법을 들은 이들은 '모두가 어렴풋이 알고 있는 내용을 쉽고 인상 깊게 전달하는구나'라는 반응을 보였습니다. 붓다가 공공의 적이 되는 위험성을 가지고도 용기 있는 행보를 보일 수 있었던 것은 빔비사라 왕의 든든한 후원의 힘이 컸습니다.

하이든의 초기 작품 중에는 각각 〈아침〉, 〈점심〉, 〈저녁〉

이라는 부제를 가진 교향곡들이 있습니다. 이 작품들은 바로 크 시대의 합주 협주곡의 모습을 띠고 있지만 형식적으로 고전 시대 교향곡의 틀을 갖추고 있습니다. 현재의 오케스트라에서는 보기 어려운 하프시코드(harpsichord, 피아노의 전신)가 통주저음을 담당하고 있습니다. 또한 현악합주에 목관악기와 금관악기를 덧붙인 소규모의 2관 편성으로 연주되는데, 후에 이것이 오케스트라 형태의 하나의 기준이 되었습니다.

하이든
교향곡 6번 D장조, 〈아침〉
연주 | 노르웨이 체임버 오케스트라 · 지휘 | 스티븐 이설리스

지인들의 조찬모임이나 저녁연회 등에서 사용할 배경 음악 같은 음악을 만들어달라는 에스테르하지 공의 주문이 있었을지도 모릅니다. 이른 아침의 종달새의 지저귐과 오후의 나른함, 저녁의 평온함을 담고 있는 이 곡들은 혹시 그의 후원자 에스테르하지 공이 하이든을 아침, 점심, 저녁 내내 음악적인 삶을 살 수 있게 해준 데 대한 보답의 의미는 아니었을까요?

뜻을 펼칠 수 있도록 아낌없는 후원과 변힘없는 지지를 보내주는 사람과의 인연, 하이든의 남다른 음악을 알아본 에스테르하지 가문과 붓다의 비범함을 놓치지 않은 빔비사라 왕

의 존재가 우리에게는 크나큰 감사함으로 다가옵니다. 하이든의 현악 4중주를 들으면, 자신의 음악을 사랑해주는 사람에게 전하는 한 음악가의 따뜻한 마음이 느껴질 것입니다.

책가도

6

지혜로운 나를 찾아 떠나는 여행

수행자 싯닷타는 가장 번성한 마가다국의 수도인 라자가하(현재 비하르주 라즈기르)로 향합니다. 당시의 라자가하는 사문들의 활동이 활발하고, 사상의 자유가 보장된 곳이었죠. 다양한 사문들의 활약과 그들에게서의 배움을 기대하며 길을 떠난 싯닷타는 참된 스승을 찾기 시작했습니다.

싯닷타는 먼저 웃다카 라마풋타와 알라라 칼라마라는 수행자를 찾아갔습니다. 싯닷타는 그들의 제자가 되어, 이들이 주장하는 최고의 선정을 배웠습니다. 이미 어린 시절부터 뛰어난 집중력과 영민함을 지녔던 싯닷타는 곧 그들이 말하는 경지를 몸소 느끼게 되었죠. 하지만 그것은 고통으로부터 벗어나는 진정한 경지가 아님을 깨닫고 두 스승의 곁을 떠나게 됩니다.

협주곡(concerto)은 독주 악기와 오케스트라를 위한 곡으로, '경쟁하다', '경합하다'라는 뜻의 라틴어 콘체르타레 concertare에서 유래하였습니다. 협주곡의 원형은 '콘체르토 그로소concerto grosso', 즉 '합주 협주곡'에서 찾을 수 있습니다. 원래는 독주 악기와 오케스트라가 아닌, 오케스트라 간의 경쟁이 그 기원입니다. 바로크 시대에는 악기 간의 경쟁이 기악곡의 기본 원리라고 생각되었고, 그 이후 독주 악기의 중요성이 부각되어 독주 악기를 위한 협주곡이 탄생합니다. 협주곡은 현대의 음악회에서 주인공과 같은 가장 중요한 역할을 하고 있습니다.

두 개 이상의 악기를 위한 협주곡 중에 가장 대표적인 협주곡은 볼프강 아마데우스 모차르트(1756~1791)의 플루트와 하프를 위한 협주곡 C장조, K.299입니다. 이 곡은 서로 성격이 다른 두 악기가 각각 화려하면서도 조화롭게 독주악기로서의 역할을 잘 보여 주고 있는 점이 특징입니다. 그 역사가 가장 오래 되었다고 생각되는 유려한 음색의 하프와 목관악기 중 가장 화려한 테크닉을 보여 주는 플루트의 조화가 느껴지는 곡입니다.

모차르트
플루트와 하프를 위한 협주곡 C장조, K.299
연주 | 이스라엘 필하모닉 오케스트라 · 지휘 | 주빈 메타
하프 | 줄리아 로빈스키 · 플루트 | 가이 에셰드

느린 2악장에서는 현악기만으로 흐르는 오케스트라의 선율 위에 매혹적인 음색으로 두 악기의 독주 선율이 펼쳐집니다. 명상적일 정도로 고요한 이 악장에서는, 특히 하프라는 다소 낯선 악기의 매력을 한껏 느낄 수 있습니다. 오케스트라 없이 연주되는 카덴차cadenza에서의 플루트와 하프 두

악기의 청아한 대화는 오묘하기까지 합니다. 성격이 다른 두 악기가 진리를 찾아가는 고타마 싯닷타라는 인물 하나로 수렴되는 느낌입니다.

인생에서 참된 스승을 만나는 일은 어려운 일입니다. 좋은 스승을 눈앞에서 놓치기도 하고, 다소 올바르지 못한 누군가를 스승으로 만나는 경우도 종종 있습니다. 요즘에는 스승보다는 오히려 좋은 '멘토'의 역할이 중요합니다. 멘토는 경험이 적은 어린 사람에게 조언과 도움을 베풀어 주는 유경험자나 선배를 뜻하는 말로, 호메로스(?~B.C.750)의 대서사시 〈오디세이아〉에서 그 기원을 찾을 수 있습니다.

〈오디세이아〉는 오디세우스와 그의 아들 텔레마쿠스의 모험담이 주를 이루는 이야기로, 전장으로 떠난 아버지 오디세우스를 대신해 그의 오랜 친구 멘토르가 텔레마쿠스를 보살피는 내용이 등장합니다. 긴 시간 동안 아버지를 대신하여 텔레마쿠스를 보살피는 멘토는 스승과 다름없습니다. 그러나 필자는 지혜의 여신 아테나가 절묘한 순간마다 변하여 나타나는 모습이 진정한 오늘날의 '멘토'의 역할이라고 생각합니다. 위기에 빠진 텔레마쿠스에게 멘토르의 모습을 빌려 기적과 같이 나타나 날카로운 조언을 해수는 '지혜의 여신' 아테나가 진정한 스승이자 조력자가 아닐까요?

누군가의 가르침을 통해 마음에 품었던 문제를 풀고 싶었던 싯닷타는 두 스승을 만났지만 문제를 해결하지는 못했습니다. 하지만 싯닷타는 그 두 명의 스승에게서 홀로 수행할 수 있는 수행의 기본기를 충실히 익히는 소기의 성과는 얻었습니다. 그는 두 스승의 한계를 명확히 인식하고 그들을 떠나 스스로 깨달음의 길을 찾아 고행의 길로 들어섭니다.

루트비히 판 베토벤(1770~1827)의 바이올린, 첼로, 피아노를 위한 협주곡 C장조, Op. 56은 세 명의 독주자들이 완벽한 균형을 이루었을 때 그 아름다움이 최고조에 달하는 기념비적인 작품입니다. 이 곡은 1803년 작곡하여 이듬해 완성되었고, '트리플 콘체르토'로 불립니다. 베토벤이 가장 작품 활동을 왕성하게 하던 시기의 작품으로 피아노 소나타 〈발트슈타인〉, 〈열정〉, 바이올린 소나타 〈크로이체르〉, 그리고 교향곡 〈영웅〉 등 음악적으로 성숙해진 그의 작품들이 함께 발표된 시기이기도 하죠.

베토벤
삼중협주곡 C장조, Op. 56
연주 | 쥬드베스트라디오 심포니 오케스트라
바이올린 | 정경화 • 첼로 | 정명화 • 피아노&지휘 | 정명훈

세 개의 악기가 독주 악기로 등장하는 이 특이한 협주곡은 형식적으로는 고전주의 시대의 초반에 성행했던 신포니아 콘체르탄테sinfonia concertante나 바로크 시대의 합주 협주

곡(concerto grosso)과 유사하지만, 음악적 내용으로 보면 오히려 낭만시대의 협주곡에 가깝습니다. 특히 다섯 개의 첼로 소나타를 남기면서 첼로를 독주 악기의 반열에 올려놓은 베토벤의 업적만큼이나 이 곡에서의 첼로의 역할은 돋보입니다. 대부분의 도입부는 첼로의 선율이 다른 두 악기의 선율을 이끌어나가고, 기교적으로도 상당히 어렵습니다.

다소 무겁고 단호한 1악장과 서정적인 2악장 그리고 당당하면서도 귀족적인 느낌을 주는 폴로네이즈polonaise 풍의 마지막 악장까지 악기 간의 긴장감과 동시에 서로를 음악적으로 지지해 주는 것과 같은 동지애까지 엿보입니다. 오케스트라와의 경쟁, 독주 악기들 간의 경쟁, 그러나 결국에는 조화로운 하모니를 위한 여정이 여실히 드러나는 이 작품은 오랫동안 음악적으로 교류가 있었던 연주자들이나 형제 음악인들의 연주를 대했을 때 상당히 감동적입니다. 1807년 초연 당시 베토벤이 직접 피아노를 맡아 연주했다는 일화가 전해지는데, 지난 시대의 형식에 다가올 시대의 음악을 담은 악성樂聖의 연주가 새삼 궁금해집니다.

최고의 선정을 위한 수행의 경험에서, 스승에게만 의존하지 않고 스스로 더 높은 경지를 탐구하고자 했던 싯닷타의 의지와 노력이 그를 깨달음의 길로 인도하게 되었습니다. 수행의 길과 고행을 과정을 통해 싯닷타는 스스로에게 멘토,

스승, 조력자가 될 수 있었던 것입니다. 여러 악기를 위한 협주곡에서 나타나는 각 악기의 선율들을 인생에서 만나는 스승, 멘토, 조력자라고 생각해보면 어떨까요. 또는 스스로 노력하는 과정의 치열한 '나의 모습'으로 생각해보아도 좋겠습니다. 꽉 찬 선율 안에서 더 나은, 더 지혜로운 나의 모습을 찾아가는 여정을 함께 느껴보시길 바랍니다.

장생도

7
악마의 유혹

웃다카 라마풋타와 알라라 칼라마의 가르침에 만족하지 못한 싯닷타는 고행자들이 수행하는 고행림으로 들어갔습니다. 당시 인도의 사상계는 크게 볼 때 쾌락주의와 고행주의로 양분되어 있었습니다. 싯닷타는 쾌락주의의 덧없음을 이미 알고 있었기에, 고행을 선택하게 됩니다. 당시 수행자들 대부분은 고행을 선택했습니다. 고행은 주로 육체를 괴롭히는 방식이었는데, 극단적인 단식이나 숨을 참는 것, 가시침대에 눕거나 뙤약볕 밑에서 뜨거움을 참는 것 등이었습니다. 고행자들은 극단적인 수행을 통해 궁극의 구원을 받고 싶어 했습니다.

싯닷타 역시 6년간의 고행을 통해 자신이 추구하던 궁극적인 행복, 즉 깨달음을 얻고자 했습니다. 그의 고행이 얼마나 치열했는지는 다음의 경문을 통해서 엿볼 수 있습니다.

"나 이전에도 나 이후에도 나와 같이 고행하는 자는 없었고, 없을 것이다."

_『맛지마니까야』 중에서

하지만 고행자 싯닷타는 그토록 염원하던 깨달음을 얻을 수 없었습니다. 싯닷타는 고행으로는 깨달음을 얻을 수 없다는 결론에 이르게 되고, 미련 없이 고행을 포기했습니다. 전통에 입각해 기존의 질서를 철저하게 지켜가며 고행을 선택했지만, 그것의 한계를 명확하게 깨닫게 된 것이죠. 6년간에 이르는 긴 고행을 중단한 싯닷타는 네란자라 강에서 몸을 깨끗하게 씻고, 마을 처녀 수자타의 우유죽 공양을 받았습니다. 고행으로 지친 싯닷타는 충분한 휴식을 취하고 기력을 회복한 뒤 자신의 수행을 하나하나 뒤돌아보았습니다. 다양한 욕구들의 원인을 파악하고 그것들을 제거하는 방식의 수행 방법을 생각하게 되었습니다.

바흐의 칸타타 BWV.208 중 아리아 〈양들은 한가로이 풀을 뜯고〉를 들으면 더없이 평온한 장면이 연상됩니다. 이 작품은 바흐의 지인인 작센 공의 생일을 축하하기 위해 작곡된 세속 칸타타로 〈사냥 칸타타〉라고도 불립니다. 전체적으로 밝고 경쾌함이 가득한 칸타타의 노래 중 가장 널리 알려져 있는 이 곡은 피아노곡으로 편곡되면서 서정성이 돋보입니다. 단독으로 자주 연주되는 이 아리아를 들으면 육체를 괴

바흐
〈양들은 한가로이 풀을 뜯고〉
피아노 | 레온 플라이셔

롭히는 고행을 그만두고 난 뒤 차분해진 싯닷타의 마음이 느껴집니다. 또한 수자타의 우유죽 공양이 주는 따뜻함과 편안함도 함께 다가옵니다.

싯닷타는 6년간의 금욕적인 고행을 멈추고 새로운 수행을 시작할 수 있었습니다. 수행의 원천은 유년 시절의 기억에서 찾을 수 있습니다. 싯닷타는 어렸을 때 부왕을 따라 농경제(한해의 풍년을 기원하는 의례)에 갔다가 사과나무 아래에서 경험했던 깊은 행복감을 떠올립니다. 신체적 고통을 통하여 영혼의 정화를 기대했던 잘못된 수행 방법을 잊고, 싯닷타는 어릴 때의 경험을 되짚으며 행복을 토대로 한 중도中道의 수행법을 발견하게 됩니다.

싯닷타가 중도의 수행을 택했을 때 드디어 '마라'가 등장합니다. 마라는 죽음의 신으로 '파괴하는 자', '죽음을 초래하는 자'를 뜻하는 악마를 말합니다. 마라의 역할은 붓다가 깨달음을 이루지 못하도록 방해하는 것이었습니다. 반대로 싯닷타는 깨달음을 성취하고 해탈을 하기 위하여 악마의 유혹과 위협을 극복해야만 했습니다. 마라는 수행을 포기하면 돈과 명예와 권력을 주겠다는 달콤한 유혹으로 싯닷타의 수행을 방해합니다.

붓다의 일생에 등장하는 악마 마라는 서양의 악마, 즉 사탄과는 그 의미가 다릅니다. 기독교의 지옥은 절대악인 사탄

이 지배하는 곳으로 처벌의 장소입니다. 하지만 불교의 지옥은 자신이 지은 까르마(업)에 따라 스스로 선택한 곳으로, 악업을 정화하는 장소라는 의미가 강합니다. 마라 역시 사탄과 같은 절대 악의 화신이 아니라 욕계의 가장 높은 하늘나라인 타화자재천(他化自在天; 육욕천六欲天 가운데 마왕이 살고 있는 제6천)의 지배자입니다. 그래서 악마 마라는 선업을 지은 존재가 됩니다. 이 점이 불교와 기독교에서 바라보는 악마관의 커다란 차이입니다. 한편 이러한 악마 마라는 수행자 싯닷타의 내적 갈등을 타자화한 것으로도 이해될 수도 있습니다. 이와 유사하게 서양의 악마는 주로 영혼의 거래를 통하여 인간의 욕망을 자극하는 역할을 하기도 합니다.

세르게이 프로코피에프(1891~1953)의 〈피아노를 위한 네 개의 소품, Op.4〉의 네 번째 곡은 〈악마적 암시〉라는 제목을 가지고 있습니다. 이 곡에 대한 특별한 에피소드나 작곡 배경은 알려져 있지 않습니다. 작곡가는 아마도 그 제목과 음악 자체만으로 듣는 이에게 강한 인상을 주기를 바랐던 것 같습니다. 멀리서 들려오는 악마의 음성과도 같은 저음의 스타카토 선율로 곡이 시작됩니다. 강한 고음의 불협화음과 트

프로코피에프
〈악마적 암시〉
피아노 | 에프게니 키신

릴이 등장하고 곧이어 한숨을 쉰 듯한 후, 쉴 새 없는 악마의 유혹이 여기저기서 쏟아져 나오는 것만 같습니다. 끊임없는 스타카토로 피아노의 타악기적인 면모가 드러나는 이 작품은 적절한 반음계와 불협화음이 악마적인 암시를 계속 표현하고 있습니다. 고행을 중단하고 선정 수행을 시작한 싯닷타에게 유혹을 펼치는 마라의 속삭임이 연상됩니다.

프란츠 리스트(1811~1886)의 〈메피스토 왈츠〉 1번은 그의 대표적인 피아노 소나타 B단조와 함께 악마적인 성격이 매우 잘 드러나 있습니다. 볼프강 괴테(1749~1832)의 〈파우스트〉에 등장하는 사탄의 대리인인 메피스토펠레스에 초점이 맞추어진 곡으로 니콜라우스 레나우(1802~1850)의 시에 토대를 두고 있습니다.

리스트
〈메피스토 왈츠〉 1번
피아노 | 다니엘 트리포노프

크게 세 부분으로 나눌 수 있는 이 곡은 첫 시작부터 강렬한 화음의 연타로 시선을 끕니다. '마을 선술집에서의 무도'라는 부제를 가지고 있듯이 메피스토펠레스는 매혹적인 왈츠로 마을 처녀들을 유혹합니다. 악마적인 분위기를 가장 잘 느낄 수 있는 스타카토와 옥타브 그리고 양방향으로 펼쳐지는 스케일 등의 쾌락적인 느낌이 가득합니다. 느리고 서정적인 부분인 두 번째 부분은 앞부분과는 대조적으로 파우스트의 구애를 담고 있습니다. 파우스트를 상징하는 주제는 부드럽지만 더 직설적이고 매혹적입니다. 다시 격정적인 메피스토펠레스의 주제가 등장하여 다양하고 화려한 피아니즘을 보여 줍니다. 비밀스러운 음모와 직접적인 유혹이 엇갈리는 것 같은 분위기의 왈츠는 격정적인 코다로 끝맺음합니다.

클래식 음악에서 묘사되는 악마는 서양 종교에서의 사탄 그 자체의 모습에 인간의 내적 갈등이 구체화된 실체로 표현됩니다. 또한 그 모습은 도덕적이고 선량한 인간을 유혹하는 모습으로 나타나 갈등의 시초를 제공하기도 합니다. 싯닷타의 선정 수행은 바흐의 담담한 레가토 선율로, 마라의 유혹은 피아노의 타악기적인 모습을 가장 잘 느낄 수 있는 스타카토로 표현된 선율로 감상해보면 어떨까요. 모든 번뇌를 물리치고 깨달은 이, 붓다의 모습을 느껴 볼 수 있는 작품들입니다.

포도

8 | 인因과 연緣

중도中道에 입각한 선정 수행을 통해 싯닷타는 진정한 깨달음을 얻었습니다. 출가를 결심하고 수행한 지 6년만인 서른다섯 살이 되던 해, 깨달은 자, '붓다'가 된 것입니다. 붓다는 중도를 '고행이나 쾌락, 그 어느 쪽에도 편향되지 않은 가장 적절한 상태 또는 탁월한 상태'라고 설명했습니다. 다시 말해서, 극단적인 것을 떠나 중도를 통해 해탈과 깨달음을 성취하는 것이 가장 적절하고 훌륭하다는 것입니다. 또한 번뇌의 완전한 소멸과 그것에 대한 명확한 통찰력으로 인생의 궁극적인 숙제를 해결한다는 의미이기도 합니다.

존 케이지(1912~1992)는 우연성을 바탕으로 한 아방가르드적 작품들을 남긴, 끊임없이 음악에 대한 새로운 시도를 했던 현대 작곡가입니다. 아무 음도 연주되지 않는 음악으로 유명한 〈4분 33초〉가 그의 대표적인 작품입니다. 캘리포니아에서 태어난 존 케이지는 어린 시절부터 음악 이외에도 건축, 미술 등 다양한 경험을 쌓았습니다. 그는 작곡가 아놀드 쇤베르크(1874~1951)에게 화성 이론과 작곡법을 배웠는데, 전통적인 작곡 방법이 자신에게 잘 맞지 않음을 느끼고, 자신만의 특별한 작곡법을 연구하기 시작했습니다.

항상 정해진 소리에 의해 음악이 표현되는 것을 진부하다고 느꼈던 그는 '소음'과 '만들어진 소리'에 대해서 생각해보게 되었고, 피아노 현에 볼트, 장난감, 고무, 나무토막 등등을 놓고 연주하거나 피아노 뚜껑을 닫아 놓고 주먹이나 다른 것을 이용하여 소리를 내어 연주하는 작품들을 구상하게 됩니다. 이를 기반으로 훗날 장치된 피아노(prepared piano)를 위한 작품도 발표합니다.

존 케이지는 또한 '침묵(silence)'에 대한 생각을 계속하게 되는데, 그 무렵 시카고에서 뉴욕으로 옮겨, 컬럼비아 대학에서 2년 동안 스즈키 다이세츠(鈴木大拙, 1870~1966)의 강의를 듣게 되었습니다. 새로운 것, 비어 있는 것 등에 대한 성찰이 '선禪'을 만나는 계기가 되었던 것입니다. 존 케이지는 스즈키 다이세츠의 강의를 들으며 끊임없이 근본적이고 근원적인 '소리'에 대한 성찰과 시도를 하게 됩니다. 선에 대한 공부가 없었더라면 그의 음악은 전혀 다른 방향으로 펼쳐졌을 수도 있었겠지요.

그는 "나에게 맞는 종교는 '선불교'뿐이다."라고 할 정도였으며, 후에 자신이 맡은 예술 강의에서 선불교에 대한 부분도 자주 언급하였습니다. 그리고 그 무렵 작곡된 그의 피아노 작품 〈풍경 속에서〉는 상당히 명상적이고 동양적인 느낌을 담고 있습니다. 그의 작품 중 같은 해에 작곡된 〈꿈〉과 이

존 케이지
〈풍경 속에서〉
피아노 | 울리히 뢰플러

 존 케이지
〈꿈〉
피아노 | 아딤 덴틀리

곡만이 이런 독특한 분위기를 가지고 있습니다.

1952년 존 케이지의 대표작인 〈4분 33초〉가 탄생하게 됩니다. 그가 한 대학의 무향실무음실에 들어갔을 때, 완벽한 흡음으로 아무 소리도 들리지 않을 것이라고 생각했습니다. 그러나 그는 생각했던 것과는 달리, 두 가지 종류의 소리가 나는 것을 듣게 됩니다. 그것은 자신의 자율신경계에서 나는 소리와 혈액이 흐르는 소리였습니다. 순간 그는 평소에 생각하던 '침묵'은 사실은 존재하지 않는다는 것, 즉 '완전하고 영원한 침묵'은 없다는 것을 깨닫게 됩니다.

 존 케이지
〈4분 33초〉
연주 | 윌리엄 막스

또한 침묵 속에서 우연히, 비의도적인 상태에서 발생하는 소리 역시 음악의 일부분이라는 생각을 하게 되었고, 이것을 작품에 담아냈습니다. 〈4분 33초〉는 273초, 즉 절대온도 273도를 뜻한다고 정의했습니다. 악보에는 오선과 음표 대신 세 개의 각 악장 첫 부분에 침묵을 뜻하는 타셋tacet이라는 표시 외에 피아노 뚜껑을 열고 닫는 지시가 있으며, 각 악장을 1분 33초, 2분 40초, 1분 20초간 연주해야 한다는 설명이 적혀 있습니다.

이 곡이 초연되었을 때, 평가가 극과 극을 달렸습니다. "저게 뭐하는 짓인가, 장난인가?", "음악인가, 아닌가?", "작곡이나 연주를 아무나 하겠다." 등의 온갖 혹평이 쏟아지기도 했습니다. 하지만 〈4분 33초〉는 콜럼버스의 달걀과 같은 의미라고 볼 수 있습니다. 이날 피아니스트는 어떤 음도 소리 내지 않았지만, 이 연주가 이루어지는 순간에 발생한 모든 소리는 이 작품을 구성하는 요소가 되었습니다. 청중의 기침 소리, 연주자가 넘기는 책장 소리, 연주회장에 날아다니던 날파리의 소리, 아무것도 연주하지 않아서 저게 뭘까 궁금해하며 옆 사람에게 물어보려고 귓속말할 때 스치던 코트의 소리 등등, 그 장소에 함께 있었던 모든 의도되지 않은 소리들이 음악이 되는 것이었습니다.

〈4분 33초〉의 오케스트라와 솔리스트를 위한 연주는 피아노에서 연주하는 것과는 또 다른 감상을 주기도 합니다. 어떤 평론가는 이 〈4분 33초〉가 연주되고 나서, "저것이 진정한 선禪이다!"라고 했습니다. 이런 무작위적이고 전위적인 작품을 만든 존 케이지를 흠모했던 사람이 비디오 아티스트 백남준(1929~1997)이었습니다. 존 케이지의 음악과 작품 세계에 반한 백남준은 1958년에 그를 만나게 되었고, "1957년은 나에게 B.C.Before Cage 1년이다. 또한 기원후는 1993년 존 케이지가 타계한 이듬해이다."라고 할 만큼 백남준은 존 케이지에 무한한 경의를 표합니다.

존 케이지가 '장치된 피아노'를 고안해 낸 것처럼, 백남준은 건반을 연주하면 연결된 선을 통해 라디오가 켜지고, 헤어 드라이기가 작동하는 〈총체 피아노〉라는 작품을 만들었습니다. 또 피아노 위에 여러 개의 브라운관이 배치되어 있어 널리 알려진 〈TV피아노〉도 존 케이지의 영향을 받은 작품입니다. 또한 그는 1974년에는 TV를 시청하는 붓다의 모습을 다시 TV를 통하여 송출하는 〈TV붓다〉를 탄생시키기도 했습니다. 쾰른 루드비히 미술관에서 진행된 퍼포먼스에서는 백남준이 직접 법의를 걸치고 TV 앞에 앉기도 했죠. 현재 용인시의 백남준 아트센터에 전시되어 있는 이 작품은 관객이 붓다가 바라보는 TV 화면을 보기 위해 고개를 내밀면 관객이 화면 속에 등장하게 된다는 점에서 '우연성'과 '열려 있음'을 생각했던 존 케이지의 〈4분 33초〉를 연상시킵니다.

익숙한 악기의 소리에서 벗어난, 소리와 소음에 대한 성찰이 역으로 '침묵'에 대한 물음으로 바뀌고, 오랫동안 집착해 왔던 침묵, 근본적인 소리에 관한 의문이 선불교를 만나게 되어 '완전한 침묵은 없다'는 아주 중요한 깨달음까지 도달했습니다. 그것은 관념을 뛰어넘어 진정한 비어 있음과 비의

도적, 무작위적 모든 소리에 대한 영감으로 이어져, 서양 현대음악사에서 기념비적인 작품을 남기게 되었으며, 또 다른 전위적인 예술장르들에까지 영향을 미치게 되었습니다.

불교는 깨달음의 종교입니다. 싯닷타는 끝없는 탐구와 수행을 통해 깨달음의 경지에 도달했습니다. 붓다는 모든 존재는 만남에 의하여 이루어지고 사라진다는 것, 모든 것이 서로 의지하여 발생하게 된다는 연기緣起에 대해 설명했습니다. 이것은 깨달음이 현실과 동떨어진 초월적 경지도 아니며, 어느 순간 원인 없이 갑자기 찾아오는 것도 아니라는 것을 뜻합니다. 끊임없는 성찰과 노력으로 깨달음의 경지에 이른 붓다의 모습과 존 케이지의 음에 대한 끊임없는 탐구를 통한 음악적 깨달음은 그 방향이 맞닿아 있는 것 같습니다.

장생도

모든 번뇌를 물리친 깨달음의 경지, 즉 열반은 평온함 그 자체였습니다. 붓다는 자신의 깨달음을 음미하기 시작했습니다. 그리고 과연 열반의 경지를 이해할 수 있는 자가 있을지 곰곰이 생각해보았습니다.

붓다는 혹시 이 깨달음의 상태를 사람들에게 말한다고 하더라도 모두 이해하지 못하고 험담을 하거나 다른 구업을 지을지도 모른다는 생각을 하게 되었습니다. 그래서 붓다는 조용한 입멸을 결심하게 됩니다.

그때 범천(브라흐만)이 나타났습니다. 붓다의 제자인 범천은 붓다의 결심을 눈치채고 간절히 부탁합니다.

"깨달은 이가 나오는 것은 참으로 드문 일입니다. 세존께서 가르침을 주시지 않으면 사람들은 영원히 고통에서 벗어나지 못할 것입니다."

붓다는 처음에는 대중에게 설법을 하지 않을 생각이었습니다. 번뇌에 물든 이들은 어렵게 얻은 것을 쉽게 받아들이기 어렵고, 자신의 말을 잘 듣지 않을 것이라고 생각했기 때문이죠.

범천은 다시 한 번 간곡하게 아룁니다.

"번뇌에 적게 물든 이들은 잘 이해할 수 있을 것입니다."

보통 '서곡'은 오페라나 연극의 막이 오르기 전에 연주되는 단악장의 짧은 관현악곡을 말합니다. 오페라의 주요 선율을 포함하고 있어 청중들은 서곡을 감상하면서 극의 내용이나 분위기를 짐작할 수 있습니다.

낭만주의 시대에는 오페라나 극과는 관련이 없는 독립적인 형태의 '연주회용 서곡'이 많이 작곡되었고, 서곡은 일정한 형식을 갖춘 한 악장짜리 기악 장르로 자리 잡게 되었습니다.

펠릭스 멘델스존(1809~1847)의 연주회용 서곡 〈고요한 바다와 즐거운 항해〉는 괴테(1749~1832)의 시 두 편에 영감을 받아 작곡되었습니다. 〈고요한 바다〉는 1787년 괴테가 카프리 연안에서 바람이 전혀 불지 않아 배가 앞으로 나가지 못해 위험했던 경험을, 〈즐거운 항해〉는 다시 바람이 불기 시

멘델스존
서곡 〈고요한 바다와 즐거운 항해〉
연주 | SWR 심포니 오케스트라 · 지휘 | 데니스 러셀 데이비스

작하여 배가 움직이고 드디어 육지가 보일 때의 안도감을 그려낸 작품입니다.

이 서곡이 작곡되었던 1828년 당시에는 많은 사람들이 괴테의 시를 즐기고 있어, 청중들은 멘델스존의 작품을 매우 잘 이해할 수 있었습니다. 낭만주의 시대는 이렇듯 미술, 음악, 문학 간의 장르가 이전의 시기보다 훨씬 더 서로 유기적인 관계를 이루고 있었습니다. 많은 곡들이 문학 작품의 내용을 담고 있기도 했고, 회화의 영향을 받기도 했던 시기입니다.

이 곡은 두 개의 시의 내용과 같이 두 부분으로 구분됩니다. 첫 번째 시 〈고요한 바다〉의 시작은 저음의 매우 고요한, 그러나 터질 것만 같은 무언가를 담고 있는 것 같은 현악의 선율 위로 두 대의 플루트와 바순이 주저하듯 등장하며 곧 첼로를 중심으로 불안정한 느낌의 선율이 펼쳐집니다. 바람이 불지 않아 죽음과 같은 고요한 바다를 보며 근심에 가득한 사공의 불안한 심경을 나타내는 것 같습니다.

물속에 깊은 고요가 깃들고
바다는 잠잠하다.
사공은 근심스럽게
고요한 수면을 둘러본다.

어느 곳에서도 바람 한 점 불지 않고,
죽음 같은 고요가 무섭게 밀려온다.
끝없이 넓은 바다에
물결 하나 일지 않는다.
_ 괴테의 〈고요한 바다〉

망설이는 듯한 플루트 음형과 호른의 교차되어 울리는 선율은 마치 처음 불어오는 바람 같습니다. 곧이어 모든 악기들이 번갈아 등장하여 돛이 풀리면서 배가 움직이기 시작하는 모습을 나타내며, 확신에 찬 D장조의 당찬 선율이 터지듯 울립니다. 현악기의 유니즌으로 반복되는 리드미컬한 패시지들은 출항의 즐거움을 노래하고 있습니다.

안개가 걷히고,
하늘은 밝고,
바람의 신이
근심의 끈을 푼다.
바람이 산들거리고
사공이 움직인다.
빨리, 빨리.
물결이 갈라지고.

나는 이미 육지를 본다!

괴테의 〈즐거운 항해〉

괴테의 시는 "이미 나는 육지를 본다"라는 구절로 끝나지
만, 멘델스존은 마치 즐거운 항해를 마친 배가 항구까지 안
전하게 들어가는 모습까지 그리듯, 팡파레 코다 뒤에 고요한
끝맺음을 덧붙입니다.

앞의 시에서의 공포와 불안의 고요함과는 다른 안정감이
주는 이 고요함은, 같은 조용함이지만 그 느낌은 사뭇 다릅
니다. 멘델스존의 친구인 아돌프 마르크스(1795~1866)는 이
곡을 '표제음악(program music)의 발전 경로에서 하나의 이
정표'로 인정했습니다.

놀랍게도 멘델스존은 이 곡을 작곡할 때만 하더라도 바다
로의 여행을 경험하지 못한 상태였습니다. 시에 대한 이해와
뛰어난 음악적 묘사력이 이런 훌륭한 음악적 상관물을 창조
해낸 것이죠.

영국에서의 훌륭한 활동 이후 떠난 스코틀랜드 지역의 크
루즈 여행 중 헤브리디스 제도를 항해하며 받은 영감으로 작
곡된 서곡 〈핑갈의 동굴〉은 또 다른 바다의 풍경을 담고 있
습니다.

회화에도 재능을 보였던 멘델스존은 여행 중 스코틀랜드

의 풍경을 그린 스케치를 일기 형식으로 남겼습니다. 그의 그림들과 함께 이 곡을 감상하면, 멘델스존이 얼마나 뛰어난 예술가였는지 알 수 있습니다. 이 곡은 특히 웅장하면서도 특이한 모습의 동굴 모습과 주변 바닷가의 모습을 마치 그림으로 그려내듯 음악의 언어로 묘사하고 있습니다.

멘델스존은 특히 우아하고 고상한 선율들로 가득한 수준 높은 작품들을 많이 남겼습니다. 슈만은 '과거의 계승자, 미래의 예지자'라는 평가와 함께 멘델스존을 '19세기의 모차르트'라고 극찬했습니다.

괴테 역시 멘델스존의 연주를 듣고 감탄한 것은 물론, 그와 수준 높은 대화를 나눈 후에는 어린 멘델스존의 교양과 지적 수준에 놀라워했습니다. 또한 첼리스트 파블로 카잘스(1876~1973)는 '멘델스존은 고전주의 안에서 편안함을 펼쳤던 낭만주의자'라고 극찬했습니다.

유복한 은행가 가문에 태어나 어려서부터 다양한 교육을 받은 멘델스존의 작품 곳곳에는 안정감과 평온함 그리고 세련된 정갈함이 묻어납니다. 어려서부터 음악을 비롯해 문학·수학·역사·지리·언어는 물론이고 회화와 체육까지 고

멘델스존
서곡 〈핑갈의 동굴〉
연주 | 런던 심포니 오케스트라 · 지휘 | 엘리엇 가드너 경

루 섭렵하여, 마치 르네상스 시대에 여러 분야에서 뛰어난 재능을 펼쳤던 레오나르도 다빈치(1452~1519)와도 같은 인물이었습니다.

멘델스존이 그의 서곡에서 남긴 넓고 큰 바다의 풍경을 붓다의 설법으로 느껴보면 어떨까요. 붓다는 고민 끝에 아직 번뇌에 적게 물든, 지혜로운 자들에게 설법하기를 결심하고 이렇게 말했습니다.

"불사不死의 문이 열렸으니, 낡은 믿음을 버리고 귀 있는 자들은 들으라."

바람 한 점 불지 않는 〈고요한 바다〉의 풍경을 설법에 대한 붓다의 결심으로, 확신에 찬 선율들로 시작해 안정감 있게 조용히 끝맺는 〈즐거운 항해〉를 붓다의 설법에 비유해 봅니다. 또한 웅장한 핑갈의 동굴 모습을 묘사한 절묘함을 붓다의 새로운 진리를 알리는 고귀한 선율로 생각해 봅니다.

범천의 권청은 붓다의 깨달음과 그 진리가 얼마나 위대한지를 강조하기 위하여 후대의 역사가들이 문학적으로 구성한 이야기라고도 볼 수 있습니다. 음악회의 문을 여는 역할을 하는 서곡과 붓다의 첫 설법의 결심을 함께 생각해 보면 어떨까요. 그 시대의 엄친아 멘델스존의 문학적 서사와 회화적 묘사를 담은 두 서곡을 들으며, 문학적 요소가 가미된 이 '범천의 권청' 일화를 다시 한번 생각해 보는 기회가 되길 바랍니다.

화병도

10 세상을 향해 진리를 펴다

천의무봉 天衣無縫.

인위적으로 꾸미거나 무언가를 가공하지 않은, 최대한 자연스러움을 담고 있는 모차르트의 음악은 '바느질한 자리가 없는 천상의 옷'과 같이 그 아름다움을 자랑합니다. 실제로 모차르트의 작품은 그 완성도에 있어서 초기의 작품과 후기의 작품 간의 차이가 거의 없습니다. 그러나 "남들은 내가 천재라 아무 노력도 하지 않는 것으로 알고 있지만, 나도 끊임없이 공부하고 연구한다."고 한 모차르트의 말에서 알 수 있듯이, 뛰어난 천재 역시 그 악상을 작품에 녹여 내기 위해 남몰래 구슬땀을 흘렸습니다.

세레나데는 원래 저녁에 연주되는 음악으로, 사랑하는 이의 집 창문 앞에서 사랑을 고백하는 노래를 말합니다. 우리에게 익숙한 〈아이네 클라이네 나흐트무지크〉도 관현악으로 연주되는 세레나데에 속합니다.

모차르트는 열 곡이 넘는 관현악 세레나데를 작곡했습니다. 모두 여러 악장으로 구성된 곡들로 편안하고 자연스러운 분위기의 작품들입니다.

깨달음을 얻은 붓다가 가장 먼저 설법을 전하기로 한 사람들은 그가 고행림에서 수행할 때 만났던 수행자들이었습니다. 그 당시 고행림에는 콘단냐를 비롯한 다섯 명의 수행자가 함께하고 있었습니다. 그들은 싯닷타의 수행력에 감동을 받아 그를 돕기로 했었습니다. 그러나 싯닷타가 고행을 포기하자, 그들은 비난과 함께 떠나갔습니다.

붓다는, 고행림의 다섯 수행자들은 오랜 수행을 통해 번뇌가 엷어진 지혜로운 자들이라 가르침을 잘 이해할 수 있을 것이라고 생각했기 때문에, 그들을 첫 설법의 대상자로 삼았습니다.

여전히 고행 수행을 하고 있던 다섯 수행자들은 멀리서 걸어오는 붓다의 모습을 보고는 서로 '그를 보고 아는 척도 하지 말자'고 했습니다. 하지만 붓다가 가까이 다가가자 자신들도 모르게 붓다에게 자리를 권하며 머리를 숙이게 됩니다. 극단적인 고행을 포기한 고타마를 경멸했던 그들이었지만 깨달은 자, 붓다의 모습에 저절로 끌려가듯 그를 맞이하게 된 것이죠.

붓다는 먼저 고락중도苦樂中道를 가르치고, 다음으로 팔정도八正道와 사성제四聖諦, 마지막으로 오온무아五蘊無我를 가르침으로써 다섯 수행자를 깨달음으로 인도했으니, 이것을 초전법륜初轉法輪이라고 부릅니다. '처음으로 법의 바퀴를 굴렸다'는 뜻으로, 드디어 붓다의 진리가 세상을 향해 펼쳐졌음을 의미합니다. 가장 먼저 깨우친 콘단냐를 비롯하여 다섯 명의 수행자들은 붓다의 최초의 출가 제자가 됩니다. 붓다는 자신을 포함해 이 세상에 여섯 명이 아리한이 존재한다고 말했습니다.

모차르트의 세레나데 Bb장조는 관악 앙상블을 위한 작품입니다. '그랑 파르티타'라는 부제에서도 알 수 있듯이, 일곱 개의 악장으로 이루어진 비교적 규모가 큰 곡입니다. 파르티타는 원래 이탈리아에서 변주곡을 뜻했지만, 17세기 후반부터 모음곡이라는 뜻을 가지게 되었습니다. 다른 세레나데와는 달리 오보에 2명, 클라리넷 2명, 바셋 호른 2명, 호른 4명, 바순 2명, 그리고 콘트라베이스 주자가 연주하는 이 곡은 관악기의 어우러지는 선율에서 느낄 수 있는 웅장함과 모차르트 특유의 우아함이 공존하고 있습니다.

모차르트
세레나데 〈그랑 파르티타〉, 3악장
연주 | 런던심포니 오케스트라 관악 앙상블

막 노을이 지고 난 후의 차분함과 평온함이 담겨 있는 것 같은 3악장은 이 곡의 백미입니다. 모차르트의 일화를 다룬 영화 〈아마데우스〉(1984)에도 등장하는 이 악장은 모차르트의 천재성을 드러내는 에피소드에 사용되었습니다. 또한 영화 속에서 평생 모차르트를 부러워했던 안토니오 살리에리 (1750~1825)가 노년에 모차르트에 대해 회상을 하며 감탄하면서도 절규를 하는 모습 뒤로 고요히 흐릅니다.

영화 속 살리에리의 대사처럼 이 곡은 바셋 호른과 바순의 Eb장조의 펼침화음 위로 조용히 들려오기 시작합니다. 녹슨 아코디언의 소리처럼 오보에의 주요 선율이 등장하고, 그 여음이 사라지기도 전에 클라리넷의 선율이 들려옵니다. 감미롭게 시작되는 조화로운 소리들은 점점 에너지를 가지고 클라이맥스로 향해 가며 각 악기들의 색채가 절묘하게 발휘됩니다.

이 곡은 모차르트가 평생에 걸쳐 연구하며 시도했던 관악기에 대한 다양하고 새로운 아이디어가 총망라된 최고의 작품으로 꼽힙니다. 또한 빈에서 바흐와 게오르그 헨델 (1685~1759)의 음악에 대해 공부하며 익힌 대위법 기법이 세련되게 녹아들어 모든 악기의 음색이 다채롭게 등장하며 그 개성을 나타내고 있습니다. 또한 아다지오 악장이지만 너무 비장하거나 심각하지 않은 분위기는 봄밤에 부는 가벼운 바람의 느낌도 담고 있습니다.

평생 모차르트의 그늘에 가려 그의 음악을 한 번도 평온한 마음으로 대할 수 없었던 살리에리가 노년에 이르러서야 비로소 인정하고 솔직한 심정으로 대하는 영화 속 장면은, 비록 픽션이 가미된 에피소드라 할지라도, 모차르트의 음악이 얼마나 사람들의 마음을 어루만져 주었는지를 알 수 있습니다.

"한 번도 들어본 적 없는 음악이었소. 그처럼 동경으로 가
득한, 충족되지 못할 동경으로 가득한 음악이라니……."

영화 속의 대사처럼, 꾸미지 않고 소박하게 흐르는 선율의
자연스러움 속에 모차르트의 천재성이 담겨 있습니다.

붓다는 녹야원의 초전법륜에서 고통과 쾌락의 양극단을
벗어난 중도를 통해서 깨달음을 얻었음을 밝히고 있습니다.
중도의 의미는 글자 그대로의 풀이와 같은 '가운데 길'을 뜻
하는 것은 아닙니다. 기회주의나 눈치를 보는 그런 중간을
고집한다는 뜻이 아니라는 것이죠. 당시 인도에서 널리 유행
했던 쾌락주의나 고행주의라고 하는 극단적인 수행에서 벗
어난 균형 잡힌 생각과 행동이 중도의 올바른 의미라고 할
수 있습니다.

모차르트의 〈그랑 파르티타〉의 느린 아다지오 악장에서
각 악기가 드러내는 단단하면서도 견고한 음색은 마치 어느
한쪽으로 치우치지 않은 중도의 길을 연상케 합니다. 과장
없이, 특별한 기교를 표현하지 않은, 날카롭지 않은 고음과
답답하지 않은 저음의 주선율들의 조화, 그 속에서도 모나지
않게 곡을 지탱하는 지속되는 리듬. 길지 않은 아다지오 악

장은 모차르트의 수많은 작품 중에서도 특히 안정되고 흔들림 없는 중정한 길에 비유할 수 있는 작품입니다. 모두 일곱 개 악장으로 총 길이가 50여 분이 되는 대곡인 〈그랑 파르티타〉의 각 악장에서 붓다의 첫 번째 가르침 '고락중도'를 떠올려보면 어떨까요.

화접도

11 │ 모두를 위한 음악

2018년 탄생 100주년을 맞은 지휘자 레너드 번스타인(1918~1990)은 예술, 종교, 문화, 인종, 종교 등 모든 면에서 '20세기의 르네상스인'이라고 불릴 만큼 광범위한 활동을 펼쳤습니다. 구스타프 말러(1860~1911)의 교향곡 전곡을 세계 최초로 레코딩하여 전 세계적으로 '말러 열풍'을 일으킨 것이 인상적인 업적 중의 하나죠. 또한 클래식 음악가로서 최초로 뮤지컬 〈웨스트 사이드 스토리〉를 작곡하여 브로드웨이에 입성하게 됩니다.

번스타인은 이 작품으로 어렵고 진부한 클래식 음악에서 벗어나 새로운 음악을 미국 전역에 널리 알렸으며 흥행에도 성공했습니다. 특히 남녀 배우가 부르는 〈Tonight〉은 뮤지컬 곡으로서는 브로드웨이 역사상 가장 많은 인기를 끈 작품으로도 손꼽힙니다. 〈로미오와 줄리엣〉의 현대판이라고 할 수 있는 이 작품은 단순히 두 남녀의 사랑 이야기를 다루는

번스타인
웨스트 사이드 스토리 중 〈Tonight〉
연주 | 뉴욕 필 하모니 오케스트라
지휘 | 브램웰 토비, 아론 트베이트, 로라 오스네스

데 그치지 않고, 빈민가의 풍경이나 이민자의 생활 등 1950
년대 미국 사회의 다양한 모습을 담고 있습니다.

붓다의 여섯 번째 제자인 야사는 원래 바라나시에서 가장
부유한 거상의 아들이었습니다. 그는 붓다와 마찬가지로 부
유하고 풍족한 어린 시절을 보냈죠. 야사는 친구들과 함께
매일같이 무녀와 악공을 불러 연회를 즐겼습니다. 그러던 어
느 날, 여느 때처럼 연회를 즐긴 그는 새벽녘 잠에서 깨어 회
랑에 나갔다가 충격에 휩싸이게 됩니다. 밤새 그와 함께 환
락을 즐겼던 아름다운 사람들의 모습이 하루가 지난 아침에
는 추하게 변해 있었기 때문입니다. 그는 그 길로 집을 나와
녹야원 근처를 헤매며 괴로움에 울부짖었습니다. 마침 붓다
는 최초의 다섯 비구를 깨달음의 길로 인도한 뒤, 녹야원 근
처에 머물고 있었습니다. 붓다는 야사가 새벽에 집에서 뛰쳐
나온 날, 그가 헤매고 있던 숲에서 새벽 경행을 하고 있었습
니다. 야사를 만난 붓다는 그에게 차제설법次第說法, 즉 보시
를 실천하고 계율을 지키면 천상에 태어난다고 알려주고, 그
가 인과의 이치를 이해했을 때, 사성제의 가르침을 설하였습
니다. 그리고 야사는 붓다를 만난 지 몇 시간 지나지 않아 곧
깨달음을 얻게 되었습니다.

수행과 무관한 삶을 살았던 야사가 붓다의 가르침만으로
깨달음을 얻은 이 이야기는 불교사에서 커다란 의미를 갖습

니다. 야사는 부모님의 허락을 받고 출가하여 붓다의 여섯 번째 제자가 되었고, 야사의 아버지 역시 붓다의 첫 번째 우바새(남성 재가불자)가, 어머니와 누이 또한 최초의 우바이(여성 재가불자)가 되었습니다. 야사의 출가 소식을 들은 그의 친구 54명은 야사를 되찾고자 붓다를 찾아가게 되지만, 붓다의 가르침을 듣고 이들 역시 출가를 결심하게 됩니다. 이로서 바라나시 근처의 귀족 자제들이 집단 출가하는 전대미문의 일이 벌어지게 되었습니다. 그들은 모두 붓다의 가르침을 듣고 오래지 않아 깨달음을 얻어 아라한이 되었습니다. 율장 律藏에서는 이것을 "세상에 61명의 아라한이 존재하게 되었다."라고 기술하고 있습니다.

번스타인은 어렸을 때부터 다양한 경험을 한, 유태인 집안의 수재였습니다. 하버드 대학에서 경영학을 전공했지만, 현대 음악에 관심이 많아 음악 평론 잡지에 글을 쓰는 등 음악 활동을 계속해 왔습니다. 18~19세기의 음악에서 벗어나 불협화음, 무조 음악 등 새로운 시대의 음악에 대한 관심과 함께 '미국만의 새로운 음악'에 대한 열망도 품었습니다. 그는 특별히 아론 코플란드(1900~1990)의 음악을 좋아했고, 그의 피아노 변주곡을 즐겨 연주했습니다. 또 코플란드의 음악을 소재로 사용한 〈인종적 요소가 미국 음악에 끼친 영향〉이라는 졸업 논문을 썼습니다. 그는 논문에서 지역, 인종, 계급,

종교를 초월하여 하나로 묶는 '새롭고 중대한 미국 민족주의를 제시할 수 있는 새로운 유기적인 음악'을 제안하기도 했습니다. 국민들에게 어떤 방향성을 제시할 수 있는 음악이 필요하다고 생각했던 것이죠.

학부를 졸업하고 커티스 음악원에서 본격적으로 음악을 전공하게 된 번스타인은 지휘, 작곡, 관현악법은 물론 피아노까지 섭렵하게 됩니다. 특히 1976년 뉴욕 필하모닉 오케스트라를 이끌고 로열 알버트 홀에서 조지 거슈인(1898~1937)의 〈랩소디 인 블루〉를 지휘와 피아노 독주를 동시에 맡아 레코딩할 정도로 피아노 실력도 뛰어났습니다. 그가 지휘자로 데뷔한 것은 1943년 브루노 발터(1876~1962)의 대타로 무대에 서게 되었을 때였습니다. 그리고 1950년대 중반, CBS 방송국의 음악 프로그램에 출연해서 뉴욕 필의 지휘를 맡으면서 본격적으로 인정받는 지휘자 반열에 들게 되었습니다.

거슈인
〈랩소디 인 블루〉
연주 | 뉴욕 필 하모니 오케스트라 · 지휘/피아노 | 레너드 번스타인

번스타인의 가장 뛰어난 업적은 미국의 폐쇄적인 엘리트 위주의 문화 속에서 소수의 선택된 자들만 즐기던 클래식 음악을 대중 앞으로 끌어내는 데 앞장선 것입니다. 번스타인의

'청소년 음악회 시리즈'는 CBS를 통해 미국 전역으로 방송되었으며, 그는 순수예술과 대중예술 모두를 아우르는, 미국을 대표하는 지휘자로 발돋움했습니다. 이후 번스타인의 청소년 음악회를 벤치마킹하여 많은 이들이 클래식 음악에 친숙해질 수 있는 '해설이 있는 음악회' 등이 기획되었습니다.

번스타인은 다른 지휘자들과는 달리, 연습 시작 전에 단원들과 대화를 나누는 등 격의 없는 모습을 보였습니다. 특히 단원들의 대소사나 건강 등을 챙기면서 단원들을 음악적 동료로서 대했습니다. 빈 신년음악회에 초청받아 비엔나 필과 요한 슈트라우스의 왈츠를 연주하게 되었을 때, 첫 비트만을 지휘하고 오케스트라의 관객석 앞으로 걸어 나온 일화는 너무도 유명합니다. 왈츠의 본고장 오스트리아 빈의 음악가들과 청중들이 본인보다 훨씬 더 음악을 잘 알 것이라는, 단원들과 청중에 대한 예의를 표현한 것이었죠.

번스타인이 '청소년 음악회'에서 소개하고 코플란드가 직접 지휘한 〈보통 사람들을 위한 팡파레〉를 들어봅니다. 훗날 코플란드의 교향곡 한 악장의 주제로 쓰이기도 했던 이 곡은 원래는 2차 세계대전의 희생자들을 기리며 작곡되었습니다.

코플란드
〈보통 사람들을 위한 팡파레〉
연주 | BBC 심포니 오케스트라 · 지휘 | 마린 알솝

장엄한 관악기의 선율로 시작하는 이 팡파레가 초연되었을 때 많은 사람들은 그 힘차고 강렬함에 반하게 되었습니다.

음악에 대한 진지한 접근과 사회 구성원으로서의 책임감, 다양하고 폭넓은 교육과 철학적 사고, 거기다 대중을 사로잡는 세련된 화법과 친근한 이미지까지 가진 음악가였던 번스타인. 그의 연주와 활동은 기존의 딱딱한 클래식계의 분위기와는 거리가 멀었습니다. 대중에게 클래식을 알리고자 자기 자신을 내려놓는 제스처를 취한 유태인 집안의 엄친아가 20세기 미국을 대표하는 지휘자로 거듭나는 모습은, 명문가와 사회 지도층의 자제들이 일제히 출가하여 붓다의 제자가 되었던 일화와 붓다의 전도선언이 연상됩니다. '인간과 천신을 비롯한 모든 생명의 이익과 안락'을 위해 포교를 실천하고, 진리를 설할 때 반드시 알기 쉽고 간결하게 설명하며, 뭇 사람들에게 존경받는 행위를 당부하는 붓다의 전도선언을 떠올려봅니다.

파초도

12 | 이국적 아름다움

마누엘 드 파야(1876~1946)의 〈불의 춤〉을 들으면 상당히 이국적인 느낌을 받습니다. 원래 안달루시아 지방의 전설을 줄거리로 하는 파야의 발레 음악 〈사랑은 마술사〉의 13곡 중 한 곡으로, 여러 악기에 의해 편곡되어 연주됩니다. 피아노곡으로 편곡된 이 작품은 특유의 호전적인 분위기로 불의 이미지가 극대화됩니다. 타오르는 불꽃이 형상화된 긴 꾸밈음으로 시작하는 이 춤곡은 지속되는 불협화음과 옥타브, 하강하는 선율 등이 적절한 긴장감을 유지해 줍니다. 모호한 조성의 선율 또한 스페인 고유의 인상을 담고 있습니다. 스타카토로 반복되는 절제된 리듬은 강렬한 민속적인 색채를 타악기적 피아니즘으로 잘 표현하고 있습니다. 파야는 클로드 드뷔시(1862~1918)의 영향을 많이 받았습니다.

드뷔시는 인상주의 작곡가로, 모리스 라벨(1875~1937)과 함께 프랑스 음악사에서 독보적인 위치를 차지합니다. 그는 1889년 파리 만국박람회에서 접한 인도네시아의 가믈란 음

파야
〈불의 춤〉
피아노 | 알리시아 데 라로차

악을 비롯하여 베트남, 중국, 마다가스카르의 이국적인 음악에 관심을 가지게 되었습니다.

1903년에 작곡된 피아노 작품 〈판화〉의 첫 곡 〈탑〉은 만국박람회를 경험한 드뷔시의 새로운 색채에 대한 갈망과 동양적 아름다움이 가장 잘 표현된 곡입니다. 이 곡에서는 기존의 음계와 화성적 구조를 찾기가 어렵습니다. 열린 5도의 화음으로 시작되며, 5음음계를 바탕으로 한 동양적 선율을 모방한 듯한 분위기의 주제가 등장합니다. 후반부로 갈수록 선명한 음향과 정확한 리듬, 뚜렷한 악상이 강조되며, 드뷔시가 상상으로 그려낸 '동양의 탑'이 묘사된 곡입니다. 그는 파리 만국박람회에서 알게 된 동남아시아의 음악에 대한 인상을 바탕으로 버마의 황금빛 불탑을 그려냈습니다. 지속되는 6도의 첨가음과 생략된 3음, 4도와 5도의 병행 화음 위에 그려지는 5음음계의 선율은, 한 번도 여행해 보지 못한 곳의 경치와 건축, 춤 등을 묘사하기에 충분했습니다.

드뷔시
〈판화〉 중 〈탑〉
피아노 | 니콜라이 루간스키

붓다는 전도선언을 한 뒤 우루웰라(부다가야 인근 지역)로 향했습니다. 그곳에는 캇사파 3형제가 수많은 제자들을 거느리고 있었는데, 그들은 불의 신을 섬기는 조로아스터교의 바라문들이었습니다. 이들은 붓다를 만난 뒤 그에게 귀의하기로 마음먹었습니다. 우루웰라, 나디, 가야 세 형제는 각가 500명, 300명, 200명의 제자와 함께 붓다에게 귀의했습니다. 캇사파 3형제와 그들의 제자 1,000명이 붓다에게 귀의한 일은 마가다국 일대에 큰 파문을 일으켰습니다. 기존의 영향력 있던 종교인들의 집단 이동으로, 무명에 가까웠던 붓다의 이름이 널리 알려지고, 전면에 등장하는 계기가 되었습니다.

우리가 자주 접하는 클래식 음악, 특히 고전·낭만 시대의 음악은 주로 독일, 오스트리아, 이탈리아 등 서유럽 일대의 작곡가들과 그곳을 배경으로 작곡된 작품들이 대부분을 이룹니다. 상대적으로 문화적 이질감을 주는 동유럽이나 이베리아 반도 국가의 작곡가들은 19세기 후반부터 두각을 나타내기 시작했습니다. 그러나 사실 낭만주의 시대와 그 이전에도 서유럽 이외 국가들의 민속적 색채가 담긴 작품들은 존재했었습니다.

브람스는 1850년대 헝가리의 바이올리니스트 에두아르드 레메니(1830~1898)를 만난 것을 계기로 헝가리 춤곡에 관심을 가지게 되었습니다. 브람스는 21개의 〈헝가리안 춤곡〉에

브람스
〈헝가리안 춤곡〉 5번
피아노 | 랑랑, 지나 앨리스

서 마자르 지역을 떠돌다가 정착한 집시들의 민속 선율을 차용했습니다. 당시 독일의 웬만한 중산층 가정의 응접실에는 피아노가 있었고, 한 대의 피아노에서 두 명이 나란히 앉아 연주하는 것이 유행이었습니다. 이 작품집은 많은 독일 사람들의 사랑을 받았으며, 피아노뿐만 아니라 다양한 악기 편성으로 편곡되어 지금까지도 자주 연주되고 있습니다.

러시아를 대표하는 5인조 중의 한 명인 밀리 발라키레프 (1837~1910)의 〈이슬라메이〉는 이슬람적이면서도 동양적인 환상곡입니다. 그는 1869년 중앙아시아의 카프카 코카서스 지방을 여행하던 중 시르카시아의 왕자가 연주해 준 민속 춤곡에 반해 그 선율을 중심으로 피아노 작품을 만들기로 결심했습니다. 보통 한 작품을 수년에 걸쳐 작곡했던 발라키레프였지만 이 곡은 겨우 한 달 정도에 마쳤습니다. 발라키레프 자신이 뛰어난 피아니스트였고, 또 짧은 시간에 작곡했기 때문에 매우 기교적이고 난해한 부분이 많아 여러 교정본과 판본이 존재합니다. 이 곡은 마치 리스트의 피아노 악상을 그대로 가져다 놓은 듯한 인상을 줍니다. 곡의 시작부터 연타음과 3도, 4도의 연속되는 패시지 등으로 청중의 귀를 사로

발라키레프
〈이슬라메이〉
피아노 | 발렌티나 리시차

잡습니다. 발라키레프는 크림반도의 타타르인들에게 널리 알려진 사랑의 노래 선율도 두 번째 주제로 넣었습니다. 소박하고 아름다우며 느린 주제는 기교적이고 복잡한 첫 번째 주제와는 대조적인 아름다움을 보여 줍니다. 첫 번째 주제의 화려한 변주가 다시 이어지고 마지막 부분인 코다 역시 격렬하고 빠른 템포의 민속적인 색채를 주는 선율로 마무리됩니다. 이 화려하고 매력적인 작품은 여러 탁월한 기교를 가진 비르투오소 연주자들이 자주 연주하여 피아니스트의 테크닉을 자랑할 만한 레퍼토리로 사랑받게 되었습니다.

헝가리의 작곡가 벨라 바르톡(1881~1945)은 중앙 유럽의 민요를 수집하고 연구했습니다. 농어촌에 남아 있던 민요 수천 곡을 녹음하고 채보하여 체계적으로 분류했습니다. 졸탄 코다이(1882~1967)와 더불어 헝가리 음악의 개척자라고 할 수 있는 그는 헝가리의 향토적인 소재들을 작품에 사용하여 세계적인 명성을 얻었습니다. 또한 주변의 루마니아까지 눈을 돌려 고유의 민속 음악을 찾고자 했습니다. 원래 헝가리 트란실라 바니아 지방의 일부였다가 루마니아 영토가 된 비할, 토론탈 등의 지역 민요와 춤곡을 수집하여 재탄생시킨

바르톡
〈6개의 루마니아 포크댄스〉
피아노 | 라시트 알프 아타소이

작품이 바로 〈6개의 루마니아 포크댄스〉입니다. 이 짧고 간결한 춤곡들은 각기 다른 개성과 분위기를 연출하고 있습니다. 농부들의 즐거운 모습과 소박한 시골의 풍경, 또 보헤미안적인 요소들을 담고 있는 이 춤곡들은 민속적인 성격이 강한 선율들이 자연스럽게 보편적인 피아니즘에 녹아 들어간 대표적인 예로 볼 수 있습니다.

붓다가 캇사파 3형제와 그 제자들을 이끌고 마가다국의 수도 라자가하에 도착하자 빔비사라 왕은 여러 바라문과 장자 등을 데리고 붓다를 맞이했습니다. 붓다가 수행을 하고 있었을 때 빔비사라 왕과의 첫 만남에서 이야기했던 것처럼, 그들은 다시 만나게 된 것입니다. 붓다에게 귀의한 빔비사라 왕은 붓다와 제자들이 머물도록 대나무 숲을 기증하였습니다. 후에 이곳에는 최초의 사원인 죽림정사가 건립되게 됩니다. 기존의 영향력 있던 종교인과 정치인들의 귀의로, 이제 붓다는 그 이름을 인도 전역에 알리게 되었습니다. 캇사파 3형제의 귀의는 속성이 다른 두 가지 음악적 요소들이 자연스럽게 흡수되거나 융합된 클래식 음악의 작품들을 떠올리게 합니다. 예술과 종교는 보편적인 감성과 진리, 그리고 아름다움을 공유합니다. 모든 음악과 예술로 해석되고 표현될 수 있는 붓다의 생애를 다양한 피아니즘으로 재조명하는 기회가 되었으면 하는 바람입니다.

화병도

깨달음을 얻은 붓다의 활동 무대는 주로 라자가하 일 대였습니다. 당시에는 붓다 이외에도 영향력 있는 여러 종교 지도자들이 활동하고 있었습니다. 그중 산자야 문하에는 뛰어난 두 명의 수행자인 사리풋타(사리불)와 목갈라나(목건련) 가 있었습니다. 사리풋타와 목갈라나는 누구든 먼저 불사의 경지에 이르면 서로 알려주기로 약속한 사이였습니다.

녹야원의 다섯 비구 가운데 한 명이었던 앗사지를 만나게 된 사리풋타는 단정하고 여법한 그를 보고 감동합니다. 그는 앗사지에게 "당신의 스승은 누구이며, 어떻게 가르치고 계십니까?"라고 물었습니다. 앗사지는 "석가족의 아들로 출가한 위대한 사문인 붓다가 있습니다. 저는 붓다에게 출가했습니다. 붓다께서는 '모든 것에는 원인이 있으며, 원인이 다하면 사라진다. 여래는 그 원인과 소멸에 대해 설한다.'고 가르치십니다."라고 말했습니다. 그 말을 들은 사리풋타는 법안 法眼을 얻게 됩니다.

목갈라나에게 이 사실을 전한 사리풋타는 그와 함께 붓다의 제자가 되기를 권했습니다. 목갈라나는 곧 250명의 수행자에게도 이 사실을 알리고 그들의 의향을 물었습니다. 그 당시 수행자들은 평소 사리풋타와 목갈라나를 존경하고 따르고 있었으므로 함께 붓다를 찾아가기로 합니다. 산자야의 만류를 뿌리치고 그들 모두는 붓다의 제자가 되기로 결심했습니다.

바로크 시대는 몇백 년 간 침체되어 있었던 서양음악사에 한 줄기 빛처럼 등장한 시기입니다. 음악사에 있어서 대략 17세기 초반부터 18세기 중반까지를 바로크 시대라고 부릅니다. 바로크 음악은 절대주의 왕정으로부터 벗어나 합리주의적이고 계몽주의적인 사회로 변화되어 가는 예술사조 속에서 탄생했습니다. 또한 선율의 아름다움과 화성의 균형 등 음악 자체의 아름다움이 중요시되는 새로운 미학을 표방했습니다.

안토니오 비발디(1678~1741)의 협주곡집 〈조화의 영감〉 중 여섯 번째 곡인 바이올린 협주곡 A단조는 우리에게 매우 친숙한 작품입니다. 최근까지 수도권 지하철 환승역에서 자주 들을 수 있는 작품이었죠. 뛰어난 바이올리니스트이자 교육자였던 비발디는 바이올린, 첼로를 포함한 다양한 편성으

비발디
합주협주곡 〈조화의 영감〉 6번
연주 | 프랑스 챔버 오케스트라 · 지휘 | 호르스트 솜
바이올린 | 앙드레 레바츠

로 구성된 총 12개의 현악 협주곡을 작곡하였는데, 이는 제자들을 염두에 둔 것이기도 했습니다. 고전 시대 이후의 협주곡에 비해 다소 규모는 작으나 충실한 구성으로, 바로크 시대 음악의 모범이 되는 양식으로 꼽힙니다. 그는 500여 곡의 기악곡을 작곡하며 협주곡의 안정화에 큰 힘을 기울였고, 후기 바로크의 거장인 바흐와 헨델에게도 큰 영향을 끼쳤습니다.

헨델(1685~1759)은 독일에서 태어나, 대부분을 고향에서 머물렀던 동시대의 바흐와는 달리 함부르크, 피렌체를 거쳐 런던에 정착함으로서 영국을 대표하는 작곡가가 되었습니다. 전 장르에 걸쳐 방대한 작품을 남긴 그는 특히 오페라를 비롯한 무대 작품에서 국제적인 명성을 얻었습니다. 통주저음을 바탕으로 바로크적 협주 양식에 기반한 유려한 벨칸토(아름답게 노래하는 가창법의 멜로디)는 헨델의 음악을 대표하며, 독일의 내면적인 진중함과 특유의 간결하고 명쾌함을 지니고 있습니다. 오페라 〈리날도〉 중 〈울게 하소서〉는 그의 대표적인 아리아로, 오페라의 배경과 줄거리와는 상관없이 많은 이들의 가슴을 울리는 선율로, 단독으로 자주 연주됩

헨델
오페라 〈리날도〉 중 〈울게 하소서〉
소프라노 | 조수미 • 피아노 | 안드레이 비니쉔코

니다. 카운터테너 혹은 소프라노의 애절한 음색이 가사처럼 '잔인한 운명에 눈물 흘리고, 자유를 위해 한숨을 짓는 슬픔'을 느끼게 해줍니다.

프랑소와 쿠프랭(1668~1733)은 프랑스 바로크 건반 음악사에서 꼭 언급해야 할 작곡가입니다. 쿠프랭은 참신하고도 다양한 방법으로 건반 악기 모음곡들을 배열하고 구성했습니다. 27개의 오르드르Ordre라는 모음곡 형식으로 묶여진 곡들은 우아하고 감성적이며, 때로는 복잡하고 과감한 표현들을 담고 있습니다. 쿠프랭의 건반 음악은 '섬세한 비르투오소'가 무엇인지 명확하게 보여 줍니다. 일명 '스틸 브리제 style brisé', 깨어진 양식'이라고 불리는, 분산화음의 미묘한 리듬의 부등성, 트릴, 서스펜션, 꾸밈음 등으로 섬세하게 표현되어지는 테크닉으로 프랑스적인 느낌을 담아내고 있는 것이죠.

〈신비한 바리케이드〉는 쿠프랭의 모음곡 중에서 가장 잘 알려진 곡입니다. 하프시코드로 연주되는 이 아름답고 오묘한 곡은 제목처럼 신비한 느낌을 줍니다. 실제 쿠프랭이 '신비한 바리케이트'가 무엇인지 언급한 적은 없습니다. 후대의

쿠프랭
〈신비한 바리케이드〉
하프시코드 | 엘레나 주코바

사람들이 곡의 분위기를 바탕으로 다양하게 해석을 할 뿐이죠. 어떤 이는 아름다운 여인에게 다가갈 수 없는 장벽이라고도 하고, 어떤 이는 시간과 공간의 경계, 삶과 죽음의 경계의 모호함이라고도 말합니다.

이탈리아의 작곡가 도메니코 스카를라티(1685~1757)는 무려 500여 곡의 피아노 소나타를 작곡했습니다. 여러 악장으로 이루어진 고전 시대의 소나타와는 달리 짧은 2부분 형식으로 이루어진 단악장의 소나타입니다. 간결한 구성이지만 2개 이상의 주제를 가지고 있고, 화성 구조나 형식 면에서 이미 고전주의 소나타의 원형을 담고 있는 점이 특징입니다.

또한 3도, 6도의 연속 패시지, 연타음, 아르페지오, 양손의 교차 등의 여러 가지 기교를 담고 있어, 이탈리아 건반 악기 역사에서 독보적인 위치를 차지하게 됩니다. 소나타 D단조 K.141은 그중에서도 연주하기가 상당히 어려운 곡입니다. 시작부터 여섯 음의 강렬한 연타음과 양손의 교차, 아르페지오 등의 다양한 테크닉들을 총망라하고 있습니다. 현대의 악기인 피아노에서도 연주자들의 뛰어난 역량을 발휘하기에

스카를라티
소나타 D단조, K.141
피아노 | 마르타 아르헤리치

좋은 작품으로 많은 피아니스트들의 사랑을 받고 있습니다.

붓다는 사리풋타와 목갈라나, 그리고 그를 따르는 250명의 수행자들을 마치 기다리고 있었다는 듯, 반갑게 맞이했습니다. 그리고 사리풋타와 목갈라나가 앞으로 뛰어나고 현명한 제자가 될 것임을 시사했습니다. 실제 이 둘은 붓다의 상수제자로서, 교단의 안정과 발전에 큰 영향을 끼쳤습니다. 사리풋타는 대중의 신뢰와 존경을 받아 주로 교단의 체계적 발전을 위해 노력했고, 붓다를 대신하여 설법하기도 했습니다. 목갈라나는 뛰어난 신통력으로 붓다의 설법을 방해하는 자들을 물리치거나 그들을 설득하는 데 힘을 썼고, 마지막 순간까지도 붓다의 가르침을 전하고자 했습니다. 우리는 이들을 각각 '지혜제일 사리불 존자', '신통제일 목건련 존자'로 부릅니다.

고전, 낭만, 그리고 20세기 이후의 서양 클래식 음악의 흐름 속에서, 바로크 시대의 음악은 언제나 거울과 같은 존재로 자리합니다. 여러 시대의 음악 안에서 바로크 음악의 산물을 만날 수 있습니다. 그만큼 바로크 음악의 존재감과 그 의미는 상당하다고 하겠습니다. 마치 앞으로 올 시대를 암시하듯, 음악의 발전에 기틀을 마련한 바로크 시대의 음악을 붓다의 두 상수제자와 그들의 업적에 견주어 봅니다.

어변성룡도

14

위대한 유산

스무 명의 자녀를 둔 바흐(1685~1750)는 상당히 책임감 있는 가장이었습니다. 첫 결혼에서 얻은 5남 2녀 중 장남 빌헬름 프리데만(1710~1784)과 차남 칼 필립 엠마누엘(1714~1788)은 훌륭한 음악가로 자랐습니다. '함부르크의 바흐'라고 불리게 된 칼 필립 엠마누엘 바흐는 어린 시절을 회고하며 아버지에 대해 이렇게 이야기했습니다.

"항상 작품을 쓰는 데 매진했던 아버지는 언제나 차분하고 화를 내는 법이 없었다. 집안은 항상 즐거움이 넘쳤다. 아버지가 목소리를 높이는 때는 우리가 공부를 게을리할 때뿐이었다."

바흐의 두 번째 부인인 마리아 막달레나 역시 13명의 자녀를 낳았는데, 그중 막내 요한 크리스찬(1735~1782)은 훗날 '런던의 바흐'로 불릴 정도로 훌륭한 음악가가 되었습니다.

사실 '음악의 아버지' 바흐의 자녀들에 대한 바람은 즐겁게 음악을 공부하는 것뿐이었습니다. 적성에 맞게 악기를 잘 연주하고, 노래를 잘 부르고, 작곡 공부를 하길 원했습니다.

그는 자녀들의 교육을 위해 〈인벤션〉과 〈신포니아〉를 만들었습니다. 인벤션은 발명, 악상, 착상 등의 뜻을 가지고 있는 라틴어 '인벤티오inventio'에서 유래했습니다. 각각 15곡으로 이루어진 이 곡집의 각 작품들은 바로크 시대의 대표적인 작곡 기법인 '대위법'으로 쓰여졌습니다. 대위법이란 주제 선율이 한 성부에서 등장하고 다른 성부에서 곧이어 모방하는 작법입니다. 특히 2성 인벤션은 엄격한 대위법 양식인 캐논canon기법으로 작곡되었습니다.

〈인벤션〉과 〈신포니아〉는 1722년 작곡된 이래 오늘날까지 심도있는 피아노 학습을 위한 필수적인 작품으로 여겨집니다. 편의상 '2성 인벤션'과 '3성 인벤션'으로 불리는 이 30곡의 작품들은 모방 대위법을 가장 잘 보여 주는 예시이며, 동시에 깊은 예술성도 담고 있습니다. 바흐는 이 곡을 연주하는 사람들이 기술을 연마함과 동시에 예술적인 '악상'을 유연하게 표현해 내기를 바랐습니다.

바흐
〈인벤션〉
피아노 | 언드라스 쉬프

바흐
〈신포니아〉
피아노 | 임윤찬

간결한 제시부와 긴 전개부를 가진 이 곡들은 형식적으로 고전 시대를 예견하게 하는 소나타 형식의 조성 전개를 암시하고 있습니다. 특히 3성 인벤션인 〈신포니아〉는 조금 더 확장된 형태로 양손으로 세 개의 성부를 구현해 내는 심미적 구조를 담고 있습니다. 또한 바흐의 작품 중 빼 놓을 수 없는 푸가fuga의 형식을 보여 줍니다.

숫도다나 왕은 아들이 최상의 깨달음을 얻은 붓다가 되어 설법을 펼치고 있다는 소식을 들었습니다. 그는 많은 사람들에게 존경과 찬탄을 받는 아들이 그리웠습니다. 그래서 라자가하로 여러 차례 사신을 보냈으나 그들은 모두 붓다를 만난 뒤 감화되어 돌아오지 않았습니다. 마지막으로 부왕은 싯닷타와 어린 시절을 함께 보낸 깔루다이를 보내 붓다를 고국으로 초청하고자 했지만, 그마저도 역시 붓다의 설법을 듣고는 출가하여 아라한이 되었습니다.

붓다는 출가한 지 7년이 되던 해, 부왕의 뜻대로 모국 카필라왓투를 방문했습니다. 부왕은 그를 위해 성대한 법회를 마련했고, 야소다라는 아들 라훌라를 데리고 참석했죠. 꿈에도 그리던 남편의 모습을 본 야소다라는 라훌라에게 "저 분이 너의 아버지이시다. 아버지께 너의 유산을 달라고 해보거라."라고 합니다. 아들에게 물려줄 세속의 재물이 없었던 붓다는 라훌라에게 일곱 가지 출세간의 보물을 물려주게 됩니다. 그리고 사리풋타를 통하여 라훌라를 출가하도록 합니다. 라훌라가 아버지에게 받은 위대한 유산은 믿음, 계율, 양심, 부끄러움, 다문, 보시, 지혜였습니다.

슈만은 1848년 사랑스러운 작품집을 남기게 됩니다. 〈어린이를 위한 앨범〉은 우리에게 익숙한 선율의 〈즐거운 농부〉를 비롯한 43개의 어린이를 위한 연습곡으로 이루어져 있습니다. 후반부에는 어린이를 빗댄 어른의 작품과도 같은 가곡들을 포함하고 있으며, 슈만이 큰딸 마리의 일곱 번째 생일을 축하하면서 만든 작품집입니다. 각각의 짧은 작품이 어린이의 순수한 감성을 담고 있고, 어린이들이 피아노를 연주할 때 알아야 할 여러 가지 테크닉도 담고 있습니다. 아버지가 된 슈만의 아이들에 대한 순수한 시선과 성숙해진 태도를 느낄 수 있습니다.

슈만
〈어린이를 위한 앨범〉
피아노 | 마이클 안드레

드뷔시는 1906년 한 살이 된 딸 엠마를 위해 작품을 만들기로 결심했습니다. '나의 사랑하는 슈슈에게'라는 헌정 글을 앞머리에 담은 여섯 개의 모음곡 〈어린이 차지〉가 그것입니다. 세 번째 곡인 〈인형의 세레나데〉를 먼저 작곡하고 난 후, 나머지 다섯 곡을 작곡했습니다. 슈만의 작품과는 달리

드뷔시
〈어린이 차지〉
피아노 | 아르투로 베네데티 미켈란젤로

조금은 성숙한 또는 재능이 뛰어난 어린이를 위한 작품이라고 여겨지는 작품집입니다. 드뷔시는 이 곡집에 대해 '어린이의 시선으로, 어린이에게 동화된 느낌으로 작곡했으며, 어린 시절의 오마주를 담고 있다'고 했습니다. 자신의 어릴 때의 기억이나 에피소드를 작품 속에 제목과 함께 담아 놓았습니다. 오히려 어른에게 더 친밀하고 호소력 있는 음악으로 다가오는 이 작품집은 어린이들에게는 상상력과 흥미를 자극하는 음악적 요소들이 풍부합니다. 또 드뷔시의 작품 중 가장 따뜻한 감성을 지니고 있으며, 특유의 재치와 유머러스한 면모도 담겨 있습니다.

목갈라나는 라훌라의 머리를 깎고 가사를 입혀 주었고, 사리풋타는 라훌라를 보살피고 지도해 줄 스승이 되어 주었습니다. 수행자들은 모두 우물가로 모여 라훌라의 머리에 물을 뿌리며 축복해 주었습니다. 라훌라의 출가를 알게 된 부왕 숫도다나와 야소다라는 다시금 충격에 휩싸였습니다. 할아버지에게 머리를 깎고 자랑스럽게 발우를 들어 보이는 라훌라의 모습을 본 숫도다나는 쓰러지고 말았습니다. 왕위를 이을 라훌라까지 출가를 하고 말았으니, 숫도다나 왕의 슬픔은 이루 말할 수 없었을 것입니다. 이에 왕은 붓다에게 어린아이가 부모의 동의 없이 출가하는 것을 금지케 해달라는 청원을 하였고, 붓다는 이를 받아들여 부모의 동의 없이 어린아이가 출가하는 것을 금지하는 계율을 정합니다.

동서고금을 막론하고 아버지의 자식에 대한 사랑은 절대적이면서도 명료합니다. 바흐, 슈만, 드뷔시, 그들은 각기 다른 시대의 작곡가이지만, 모두 자식들을 위해 특별한 작품들을 남겼습니다. 그들이 가진 가장 훌륭한 재능으로 가장 위대하고 소중한 유산을 남긴 것이죠. 아버지와 같은 길을 걷게 된 아들 라훌라에게 가장 위대한 유산인 일곱 가지 보물을 남긴 붓다. 바흐의 '심오한 악상'과 슈만의 '성숙한 태도'와 드뷔시의 '따뜻한 시선.' 비록 그 상황과 과정은 모두 다르지만, 세상의 모든 아버지가 자식에게 사랑으로 남긴 유산이야말로 가장 훌륭하고 위대하지 않을까요.

장생도

15

순수한 예술혼

바위 위에서 저 아래 골짜기를 향해 노래하네.

골짜기의 메아리는 아득하게

멀리 멀리 계곡에 울려 퍼지네.

내 목소리 더 멀리 울려 퍼질수록

저 아래로부터 또렷이 되돌아오네.

내 사랑은 너무 멀리 있어

그곳의 그녀가 더욱 그립구나.

깊은 번민 속에 기쁨은 사라지고

희망을 잃고 외로움에 빠져든다.

노래는 숲을 울리며

밤새 간절한 그리움으로 들려온다.

어느새 노래는 알 수 없는 황홀함으로

내 마음을 하늘로 이끌어 날갯짓하게 하네.

봄이 왔다.

나의 기쁨인 봄.

이제, 여행을 가야지.

슈베르트의 가곡 〈바위 위의 목동〉은 독일의 대표적인 시
인 빌헬름 뮐러(1794~1827)의 시에 클라리넷과 피아노의 반

주를 붙인 상당히 특이한 작품입니다. 목가적 풍경과 어린 목동의 정취가 잔잔하게 흐르는 이 예술가곡은 슈베르트의 섬세함과 낭만성 그리고 시와 문학에 대한 이해가 빚어낸 최고의 작품 중 하나입니다. 슈베르트는 담담하고 서정적인 피아노 선율과 아름다운 클라리넷 선율 위에 외롭고 고독하지만 의연한 목동의 고백을 절묘하게 그려내고 있습니다.

비슷한 시기에 작곡된 〈거처〉는 슈베르트의 가곡집 〈백조의 노래〉의 다섯 번째 곡으로, 하인리히 렐슈타프(1799~1860)의 시에 곡을 붙인 노래입니다. '방랑하는 고통의 인생을 살아왔지만 결국 내가 원하는 것은 여행을 떠나기 시작했던 그곳으로 돌아가 머무는 것'이라는 메시지를 담고 있는 이 곡은 외로움과 고독의 또 다른 얼굴인 비장함으로 표현되고 있습니다.

물결 굽이치고 수풀 우거지고 우뚝 솟은 바위는 나의 처소
겹겹이 일렁이는 파도처럼 내 눈물은 끊임없이 흐르네.
저 먹구름이 이는 것처럼 끊임없이 나의 가슴은 무너진다.
저 아주 오래된 바위처럼 내 고통도 영원하리.

슈베르트
〈바위 위의 목동〉
소프라노 | 바바라 보니 · 클라리넷 | 데이비드 쉬프린 · 피아노 | 앙드레 와츠

19세기에는 예술가곡의 발달이 두드러진 시기였습니다. 문학과 음악의 결합으로 대표되는 예술가곡은 시와 음악이 아름답게 어우러집니다. 또한 이전 시대의 반주는 주로 화성이나 리듬으로 독창을 보조하는 역할에 불과했지만, 예술가곡의 피아노 부분은 가사의 분위기와 느낌을 표현하고 회화적인 효과를 나타내며 능동적인 역할을 맡았습니다. 성악과 피아노가 아름답게 조화되는 예술가곡은 낭만주의 시대의 대표적인 장르로 자리하게 되었습니다.

코살라국의 신심있는 부유한 상인 수닷타는 평소에 가난한 사람들을 도와주는 것을 좋아하는 선한 사람이었습니다. 그는 '아나타핀디카'라는 별명으로 널리 알려졌는데, 이는 '의지할 곳 없는 외로운 이들에게 먹을 것을 나눠주는 사람'이라는 뜻으로, 한자로는 '급고독給孤獨'이라고 합니다.

수닷타 장자가 어느 날 마가다국에 사는 처남의 집을 방문했는데, 처남이 무엇인가 들뜬 기분으로 집안을 분주하게 오가는 것을 보고 그 이유를 묻자, 그가 말했습니다. "형님, 내일은 붓다께서 저희 집으로 오셔서 공양을 하십니다. 이 얼마나 기쁜 일입니까. 붓다와 제자들에게 드릴 음식을 준비하고 있습니다."

붓다의 이름을 들은 수닷타 장자는 가슴이 벅차올랐습니다. 그는 새벽녘까지 깊이 잠들지 못하고 깨어 있다가 더 이상 누워 있지 못하고 밖으로 나갔습니다. 붓다를 만나기를 기대하고 서두른 덕분일까요? 아직 어둠이 채 가시지 않은 새벽, 근처를 산책하던 붓다는 수닷타를 알아보고 그를 불렀습니다. 수닷타는 붓다가 자신의 이름을 불러준 것에 감격하고 붓다를 향해 머리를 숙였습니다. 붓다는 수닷타에게 보시의 공덕과 청정한 생활의 공덕 그리고 괴로움의 원인과 그 소멸을 위한 길에 대해 설법했습니다. 붓다를 친견한 뒤 '생사를 초월한 진리'를 깨닫게 된 수닷타는 환희심에 가득 차 붓다를 위해 거처를 만들어야겠다는 결심을 하게 되었습니다.

  그대 축복 받은 예술, 그 얼마나 자주 어두운 시간에
  인생의 잔인한 현실이 나를 조여 올 때
  그대는 나의 마음에 온화한 사랑의 불을 붙였고
  나를 더 나은 세상으로 인도하였던가!
  한숨이 종종 너의 하프에서 흘러나왔고
  달콤하고 신성한 너의 화음은
  보다 나은 시절의 천국을 나에게 열어주었지.
  그대 축복받은 예술, 이에 나는 그대에게 감사한다.

〈음악에〉는 깔끔하고 간단한 멜로디와 피아노 반주를 지닌 슈베르트의 가장 훌륭한 예술가곡입니다. 그의 친구 프란츠 폰 쇼버(1796~1882)의 시에 곡을 붙인 이 곡은 슈베르트의 음악에 대한 사랑과 감사의 뜻이 가득 담겨 있으며, 간결한 음악 속에 청년 슈베르트의 순박한 감정도 함께하고 있습니다. 특히 가사가 끝나고 난 뒤의 피아노 후주는 노래의 여운을 남기며, 단순하지만 내면의 깊이를 지니고 있습니다. 슈베르트는 예술과 음악을 사랑하는 친구들과 평생을 교류해 왔고, 겸손하고 성실한 그의 성품을 사랑한 당대 최고의 재사才士들은 슈베르트를 지지하고 응원하는 '슈베르티아데 Schubertiade'라는 모임을 만들었습니다. 예술에 대한 사랑, 음악에 대한 감사, 친구에 대한 변함없는 우정 등의 순수한 감정들은 그의 예술가곡을 통하여 표출될 수 있었습니다.

슈베르트
〈음악에〉
바리톤 | 피셔 디스카우 · 피아노 | 제라르 무어

붓다의 재가 제자가 된 수닷타는 코살라국으로 돌아와 사왓티성 가까운 곳에 붓다가 머물 수 있는 곳을 물색했습니다. 수닷타는 당시 파세나디 왕의 아들 제타 태자가 소유한 동산이 가장 적합한 장소라고 생각하고 태자에게 그 땅을 팔 수 있겠냐고 물었습니다. 제타 태자는 "이 동산을 황금으로 덮을 수 있다면, 그만큼의 땅을 드리겠다."고 했고 수닷타는 망설임 없이 황금을 실어 날랐습니다. 수닷타의 신심에 감동한 제타 태자는 수닷타에게 받은 황금으로 입구를 장식하는 문을 지었습니다. 기원정사는 이렇게 건립되었습니다.

붓다는 사찰은 사람들이 많은 마을과 멀지 않은 곳에 있어야 한다고 했습니다. 기원정사는 사왓티에서 가까운 곳에 자리하고 있었기 때문에 붓다와 그의 제자들은 매일 아침 마을을 돌아보기가 용이했습니다. 또한 신도들 역시 기원정사에서 설법을 듣기가 편리해졌습니다. 한 장소에서 붓다를 비롯한 출가자가 대중과 함께 오랜 시간 머물 수 있었고, 수행 생활의 관리를 통해 승가 공동체가 형성될 수 있었습니다. 그래서 기원정사는 교육의 장소로도 활용되었습니다.

슈베르트는 평생 동안 600곡이 넘는 예술가곡을 작곡하며 낭만주의 시대의 문을 열었고, 예술가곡은 슈만, 브람스를 거쳐 후고 볼프(1860~1903)에 이르기까지 그 명맥을 잇게 됩니다. 슈베르트는 그의 재능을 사랑하고 활동을 지지하는 모임 속에서 그의 예술혼을 불태울 수 있었습니다. 붓다의 가르침의 위대함을 칭송한 급고독장자 수닷타의 기원정사 건립으로 붓다는 그곳에 머무르며 가르침을 펼칠 수 있었고, 기원정사는 사왓티를 중심으로 불교가 오늘날까지 긴 세월을 이어질 수 있는 밑바탕이 되었습니다. 낭만주의 시대의 초석이 된 슈베르트의 예술가곡의 음악이 주는 정갈함과 가사의 깊은 뜻은 기원정사 건립의 의미를 되새기게 합니다.

원만성취

16

진흙 속에 감추어진 보석

19세기 중반 이후 프랑스 파리는 문화의 중심지가 되었습니다. 모리스 마테를링크, 샤를 보들레르, 아르튀르 랭보 등이 중심이 된 '상징주의' 문학은 직설화법보다는 암시를 통해 아이디어를 나타내고 독자로 하여금 상상력을 불러일으켰습니다. 저변의 잠재의식과 내면적인 느낌, 인간의 심리 상태 등을 은유를 통해 표현하는 새로운 문학은 프랑스 문화의 새 부흥기를 열었습니다.

모호한 윤곽, 몽롱한 텍스처, 빛과 색의 유희로 대표되는 인상주의 화풍 역시 주목할 만한 문예사조였습니다. 에두아르 마네(1832~1883), 끌로드 모네(1840~1926), 오거스트 르누아르(1841~1919) 등의 화가들은 형태보다는 색채를 우선하는 즉각적이고 주관적인 인상을 담아냈습니다. 그들은 이전 시대와는 달리 눈에 비친 자연과 빛의 생동감 넘치는 모습을 자유롭게 표현했습니다.

드뷔시는 당대의 문학가와 미술가들과 교류하는 '화요모임'을 만들었으며 그 결과 그만의 독특한 음악 어법을 탄생시킬 수 있었습니다. 그의 가장 유명한 작품은 관현악 작품인 〈목신의 오후 전주곡〉입니다. 상징주의 시인 스테판 말라

르메(1842~1898)의 시에 바탕을 둔 내용을 담고 있는 이 작품은 매우 공상적이고 암시적입니다. 나른한 여름날의 오후, 목신이 느끼는 알 수 없는 힘에 의한 관능적인 희열, 환상, 권태로움, 몽상 등이 펼쳐지며, 고요함과 평온한 낮잠 등이 모호하게 전개됩니다. 명료한 선율의 움직임보다는 음색이 중심이 되는 화음과 뉘앙스를 표현하는 드뷔시만의 독특한 작법은 기존의 장·단음계를 기반으로 하는 전통적인 화성의 축을 무너뜨리는 획기적인 음악 어법이었습니다.

드뷔시는 바로크 시대 이후 고전주의와 낭만주의 시대에 정점을 이루었던 조성 음악의 개념에 맞서는 새로운 음계를 만들었습니다. 일곱 개의 음이 각각 반음과 온음 간격으로 구성되어 있는 전통적인 장음계와 단음계는 각 음 간의 위계질서가 있습니다. 으뜸음, 딸림음, 이끔음 등 화성학적 틀 안에서 그 역할을 맡은 음들이 정해져 있습니다. 반음으로 인해 곡의 시작과 종지를 나타낼 수 있었으며, 안정된 3화음을 통해 악곡의 진행을 명확하게 할 수 있는 것이 전통적인 화성의 특징입니다. 그는 3도 음정의 사용 대신, 4도 음정을 기본으로 한 화음의 사용을 바탕으로 사고의 전환을 거쳐, 여

드뷔시
〈목신의 오후 전주곡〉
연주 | 강남심포니 오케스트라 · 지휘 | 성기선

섯 개의 음으로 이루어진 '온음음계(whole-tone scale)'를 만들었습니다. 여섯 개의 음은 모두 온음 간격이었습니다. 즉, 장·단음계와는 달리 반음이 없기 때문에 온음음계는 반음에 의해 '끌어당기는' 느낌이 없었으므로 기존의 조성감은 가지고 있지 않았습니다. 온음음계의 모든 음들은 역할이 동등했고, 선율의 방향성이 뚜렷하지 않아, 시작과 끝이 모호한 분위기를 연출할 수 있었습니다. 〈목신의 오후 전주곡〉에서 사용된 온음음계는 플루트를 중심으로 한 목관악기와 하프의 음색을 통해 상징주의적인 묘사를 가능하게 했습니다.

드뷔시는 바로크 시대 모음곡의 첫 곡으로 주로 사용된 전주곡을 하나의 독립된 기악곡으로 연주하는 낭만주의 시대의 분위기를 이어 나갔습니다. 프레데리크 프랑수아즈 쇼팽(1810~1849)과 세르게이 라흐마니노프(1873~1943)에 이어 24개의 전주곡을 남겼습니다. 그의 전주곡 작품집의 곡들은 각각의 문학적인 성격의 제목을 가지고 있었습니다. 드뷔시는 이 곡들을 작곡한 뒤에 제목을 붙였으며, 반드시 곡의 말미에 제목을 넣어두기를 출판사에 요청했습니다. 이것은 암시적인 표현을 나타내는 것으로, 곡이 끝난 후에야 수수께끼가 풀리는 듯한 기쁨을 누릴 수 있도록 연주자와 감상자에게 나름의 상상의 여지를 남겨두려는 뜻을 가지고 있었습니다.

전주곡 1집의 열 번째 곡인 〈가라앉은 사원〉에서 특별히 중세 시대에 즐겨 사용되었던 선법(mode)을 썼습니다. 선법은 장·단음계 체제가 확립되기 이전에 음계의 역할을 했던 재료로, 화성적으로 명확한 느낌이 적어 드뷔시의 인상주의적인 분위기를 나타내는 데 상당한 역할을 했습니다. 고대의 전설과 신화를 바탕으로 한 이 작품 역시 기존의 조성 틀을 벗어나 새로운 뉘앙스를 담고 있습니다.

드뷔시
전주곡 〈가라앉은 사원〉
피아노 | 엘렌 그뤼모

숫도다나 왕의 장례를 마치고 마하파자파티가 붓다를 찾아왔습니다. "그동안 선왕의 그늘에서 편안하게 지내왔습니다. 이제 저는 다른 이들처럼 출가를 하려고 합니다." 붓다는 "출가에 뜻을 두지 마십시오."라는 말로 출가를 허락하지 않았습니다. 마하파자파티는 상심하였지만 그와 뜻을 같이하는 사카족의 많은 여인들과 함께 웨살리로 향했습니다. 화려한 비단과 보석으로 치장을 해왔던 그들이었으나 모두 머리를 깎고 화장을 지우고 베옷을 입고 굳은 결심으로 동참했습니다. 먼 길을 걸어 웨살리에 도착한 그들은 귀족이라고 할 수 없을 정도의 처참한 몰골이었습니다. 아난다는 그들을 맞이하고 붓다에게 간청했습니다. 그러나 붓다는 여전히 그들의 출가를 허락하지 않았습니다.

아난다는 "만일 여성들이 출가하여 붓다의 계율과 가르침에 따라 수행하면 아라한과를 성취할 수 있겠습니까?" 하고 붓다께 여쭈었습니다. 붓다가 "그렇다."라고 대답하자 아난다는 "마하파자파티는 붓다를 정성껏 돌보신 분입니다. 만일 여자도 아라한이 될 수 있다면 그 첫 번째 기회를 그녀에게 주십시오."라고 간청했습니다. 붓다는 "아난다야, 마하파자파티가 비구를 공경하는 여덟 가지 법을 받아들인다면 출가 수행자로 교단에 들어오는 것을 허락하겠다."라고 하며 여성의 출가를 허락했습니다. 마하파자파티의 뒤를 이어 야소다라와 난다의 아내 자나빠다깔랴니를 비롯해 수많은 사꺄족 여인들이 출가를 할 수 있었습니다.

여성의 지위가 남성에 비해 보잘것없던 시대에 여성의 출가는 그야말로 획기적인 일이었습니다. 비구니는 비구를 공경하고 받들어야 한다는 내용이 중심인 '비구니 팔경법八敬法'은 겉으로는 여성이 남성에게 종속되어 있던 사회상을 반영한 것으로 생각될 수 있습니다. 그러나 남성중심의 사회에서 여성도 남성처럼 사회적으로 필요한 역할을 수행할 수 있도록 하나의 방편을 제시한 것으로 해석한다면, 불교야말로 이 세상에서 가장 먼저 양성평등을 위해 노력한 종교임을 증명하는 것입니다. 여성의 출가를 가능하게 한 비구니 팔경법은 보수적인 사회의 문화적 배경과 관습을 벗어나지 않는 범위 내에서 여성도 남성과 동등하게 수행하여 해탈에 이를 수 있음을 보여 주는 훌륭한 일화입니다.

드뷔시는 오랫동안 당연하게 여겨졌던 서양음악사의 조성 체계에 반하는 새로운 음계를 탄생시켜 20세기를 맞이하는 새로운 시대의 음악의 방향을 제시했습니다. 음계 안의 모든 음에 동등한 지위를 부여하여 새로운 음악을 설계하려는 시도는 큰 반향을 불러일으켰습니다. 또한 그의 젊은 시절 파리 만국박람회에서의 경험이 가져다준 동양 문화에 대한 관심도 그의 작품세계를 다양하게 했습니다. 그의 영향을 받은 아놀드 쇤베르크(1874~1951), 알반 베르크(1885~1935)를 시작으로 펜데레츠키(1933~2020)에 이르기까지 20세기의 클래식 음악은 그 변화의 폭이 광대해졌습니다.

온음음계가 사용된 드뷔시의 음악을 감상할 때, 불가촉천민으로 인분을 나르던 니디에게도 출가를 권했던 붓다의 따뜻한 보호를 떠올려보면 어떨까요. 신분, 재산, 지식이나 능력이 아니라 소외된 자들에게까지 차별 없는 가르침을 주고 싶었던 붓다의 깊은 뜻을 생각해 봅니다. 진흙 속에 감춰진 보석이 빛을 발할 수 있도록 지혜와 덕행을 우선하는 붓다의 보살핌이 비구니 승가를 형성할 수 있는 원동력이 되었습니다. 깊은 샘을 만들어 맑은 물이 고이게 하는 붓다의 세심한 배려가 전해집니다.

연화도

17
지나치지도 모자라지도 않은

바이올린과 첼로의 중간 음역을 지닌 비올라는 독특한 음색을 가진 악기입니다. 바이올린이 화려한 '소프라노'라고 한다면 비올라는 따뜻하고 온화한 '알토'에 비유할 수 있습니다. 사람의 음성과 유사하다고 생각되는 첼로의 음색보다 조금은 어둡지만 침착하고 세련된 매력을 가졌습니다. 또한 비올라는 실내악이나 규모가 있는 관현악에서 중후한 첼로와 개성 강하고 다소 날카로운 바이올린의 중재자와 같은 역할을 도맡아 하고 있습니다.

슈만의 피아노와 비올라를 위한 〈그림동화(Märchen-bilder)〉는 잔잔하면서도 개성 있는 서정성이 돋보이는 곡입니다. 원래 메르헨Märchen은 독일 낭만주의 문학의 한 장르로 이상하고 기묘한 환상적인 분위기의 이야기를 뜻합니다. 전반적으로 따뜻하면서도 변화무쌍한 느낌을 가진 이 곡은 비올라 연주 문헌에서 빠지지 않는 작품으로, 슈만 특유의 상상력을 바탕으로 아름다운 환상의 세계를 묘사하고 있습니다.

슈만
〈그림동화〉
비올라 | 마틴 스테그너 · 피아노 | 토모코 타카하시

소나콜리위사는 온몸에 황금빛 털이 가득한 비구였습니다. 라자가하에서 붓다의 게송을 듣고 출가한 그는 원래 부유한 장자의 아들이었습니다. 그는 태어날 때부터 귀한 대접을 받고 자랐으며, 한 번도 맨땅을 밟아 보지 않았기에 발바닥에까지 털이 났다고 전해집니다. 그는 어느 날 붓다의 설법을 듣고 그에게 반하여 큰 망설임 없이 출가를 결심했습니다. 밤낮으로 정진했지만 수행의 결과를 얻기는 힘들었습니다. 그러나 그는 스스로 다짐했습니다.

'물러서지 말고 열심히 노력하자. 무엇이든지 실천하고 반드시 평안을 얻도록 하자.'

시간이 지나도 속세의 미혹에서 벗어나지 못할 것 같은 생각이 들자 소나콜리위사는 환속을 결심하기도 합니다.

'나는 아무런 소득도 없이 헛된 수행만 거듭하고 있다. 수행의 결과를 기다리기보다는 차라리 집으로 돌아가 세속생활에 만족하며 생활하는 것이 낫겠다. 오히려 가난한 사람들에게 널리 보시하고 공덕을 쌓는 것이 좋지 않을까?'

그의 생각을 알아차린 붓다는 소나콜리위사를 불렀습니다. 그는 붓다에게 여쭈었습니다.

"저는 출가자의 수행생활을 잘 모르는 채로 설법을 듣고 기쁜 마음에 무턱대고 출가하게 되었습니다. 수행 생활도 어렵고 힘든 데다가 아무리 정진하려 해도 뜻대로 되지 않고 고통스럽기만 합니다. 어찌해야 하겠습니까?"

붓다는 소나콜리위사에게 물었습니다.

"그대는 집에 있을 때 비나(Veena, 인도의 전통악기)를 잘 연주했다고 하는데, 사실인가?"

"예, 그렇습니다."

"악기를 연주할 때 현을 너무 팽팽하게 조이면 소리가 어떠한가?"

"듣기 좋지 않습니다."

"그러면 현이 지나치게 느슨하면 듣기가 어떤가?"

"그것 역시 좋지 않습니다. 악기를 연주할 때 현의 완급을 적당하게 하지 않으면 좋은 소리가 나지 않습니다."

"그러하다. 진리의 길을 걷는 것도 마찬가지다. 의욕이 지나쳐 너무 급하면 초조한 마음이 생기고, 열심히 하려는 노력이 없으면 태만해진다. 그러니 극단적으로 생각하지 말고 항상 가운데 길로 걸어가야 한다. 그러면 머지않아 속세의 미혹에서 벗어나게 될 것이다."

악기의 장력과 조율에 관한 비유는 매우 이색적입니다. 경전에 악기가 등장하는 것은 상당히 주목할 만한 일입니다. 특히 비나의 예를 든 것은 느슨하지도 팽팽하지도 않은 적당한 현의 조율뿐 아니라 악기 특유의 음색까지 고려한 것입니다.

비나는 류트족의 악기로 주로 네 줄로 되어 있으며, 줄을 튕겨 연주합니다. 고대 인도에서부터 전해져 내려오는 악기 중 '신성'의 상징이며, 악기의 여왕이라는 별칭을 가지고 있습니다. 또한 예술가에게 많은 칭송을 받는 악기이기도 합니다. 국내의 많은 문헌에서는 '거문고 줄의 비유'로 소개하고 있습니다. 현존하는 인도의 현악기는 시타르, 사랑기, 탐부라 등인데, 그중 비나의 음색이 가장 과장되지 않고 온화합니다.

그리스·로마신화에서 음악의 신 아폴론이 항상 지니고 다녔던 악기는 하프의 기원이라고 할 수 있는 '리라'입니다. 또한 중세 시대의 음유시인들이 많이 연주했던 악기도 하프의 전신이라고 할 수 있습니다. 이렇듯 동서양 모두에서 자연스러운 맑은 음색을 자랑하는 발현악기는 일맥상통하는 점이 있습니다.

헨델의 하프 협주곡 Bb장조는 전체적으로 하프의 맑고 깨끗한 음색이 돋보이는 곡으로 많은 애호가들의 사랑을 받습니다. 47개의 현에서 그려지는 우아하고도 사랑스러운 하프

헨델
하프 협주곡 Bb장조
연주 | 콰타르 필하모닉 오케스트라 · 지휘 | 데이비드 니만 · 하프 | 줄리 스가로

의 선율은 소박하지만 인상적이며 부드러운 호소력을 지니고 있습니다. 헨델의 음악은 대부분 자연스러운 아름다움을 담고 있는데, 특히 하프 협주곡의 첫 악장은 전반적으로 강렬한 악상보다는 순수한 음색 자체에 무게를 두고 있습니다.

'중도'의 가르침과 가장 어울리는 음색을 가진 악기는 단연 첼로라고 할 수 있습니다. 화려함보다는 포용력이 있는 깊은 음색을 지닌 첼로는 바로크 시대까지 악기의 모양과 크기가 계속 변해오면서 고음 현악기들을 지탱해 주는 역할을 맡아왔습니다. 베토벤은 다섯 개의 첼로 소나타를 작곡했습니다. 실내악과 관현악에서 '조용히 저음을 연주'했던 첼로라는 악기에게 피아노와 함께하는 독주 악기로서의 자격을 부여한 획기적인 일이었습니다.

베토벤의 첼로와 피아노를 위한 소나타 3번 A장조는 첼로 독주곡의 원숙미를 가지고 있는 작품으로 '첼로 소나타'라는 장르의 대표적인 곡입니다. 도입부의 첼로 독주 선율은 첼로의 진지한 음색과 질감을 연구하고자 한 베토벤의 의지를 엿볼 수 있습니다. 이 곡은 첼로와 피아노를 위한 확장된 형식의 표본이 되었고, 후대 작곡가들에게 많은 영감을 주었습니

베토벤
첼로와 피아노를 위한 소나타 3번 A장조
첼로 | 솔 가베타 · 피아노 | 조성진

다. 가볍고 화려한 패시지와 중후하고 견고한 패시지가 교차되며 첼로의 음색을 잘 나타내 주고 있는 이 작품의 마지막 악장의 우아하고 세련된 선율은 특히 감동적입니다.

지나치게 느슨한 태도나 필요 이상으로 조급한 마음은 장애가 되므로 알맞게 중도를 취해야 한다는 붓다의 가르침은 소나콜리위사가 스스로 독려하며 깨달을 수 있는 계기가 되었습니다. 출가 전 즐겨 다루었던 악기에 관한 비유의 일화는 출가자와 재가자 모두에게 큰 지혜를 전합니다. 길고 뜨거운 여름을 보내고 차가운 바람을 맞이하는 때, 침착하고 따뜻한 비올라, 자연스러운 아름다움을 지닌 하프, 중후하고도 포용력 있는 음색을 지닌 첼로의 선율을 감상하며 스스로에게 맞는 수행을 생각해보는 계기가 되었으면 좋겠습니다.

화병도

18 — 탐욕의 아리아

샤까족의 일원이었던 데와닷타는 카필라왓투를 방문한 붓다의 설법을 듣고 밧디야, 아누룻다, 아난다 등의 여러 왕자들과 함께 출가하게 되었습니다. 붓다의 사촌, 또는 야소다라의 남동생이라고 전해지는 그는 출가 후 신통력과 위력을 갖춰 많은 사람들이 따랐습니다. 두뇌가 명석하고 언변도 뛰어났으며 사교성까지 있었던 그의 주위에는 항상 권력과 재물을 가진 자들이 모여들었습니다.

라자가하의 죽림정사에서 그 명성을 더해가던 데와닷타는 빔비사라 왕의 아들인 아자타삿투의 스승이 되었고, 그 위세는 점점 더 커져만 갔습니다. 데와닷타의 추종자가 된 아자타삿투는 그를 위해 매일같이 공양물을 올렸습니다. 원래 승가의 물품은 그 구성원이 모두 나누어 가지는 것이 계율이었지만, 데와닷타는 자신을 따르는 사람들에게만 공급했습니다.

자연스레 그를 따르는 무리는 늘어만 갔고, 그들은 맹목적으로 데와닷타를 추종하게 되었습니다. 붓다는 데와닷타와 그를 따르는 무리들을 부러워하는 비구들에게 권력과 명예에 대해 경고하기도 했습니다.

"감당하기 어려운 공양과 명성은 좋은 공덕을 무너뜨리는 것이 된다."

리하르트 바그너(1813~1883)는 독일 낭만주의 오페라의 대표적인 작곡가입니다. 그는 대표작인 〈탄호이저〉와 〈로엔그린〉에서 고대 전설과 신화를 소재로 하여 직접 대본을 쓰고 음악적 연속성을 강조하는 등, 그만의 개성 넘치는 악극을 구축했습니다. 특히 〈니벨룽엔의 반지〉는 〈라인의 황금〉, 〈발퀴레〉, 〈지그프리트〉, 〈신들의 황혼〉의 4개의 연작극으로, 바그너의 연속성의 기술이 최대한으로 발휘된 대작입니다.

두 번째 작품인 〈발퀴레〉 가운데 〈발퀴레의 비행〉은 바그너의 작품 중 가장 인상적인 작품으로 손꼽힙니다. 발퀴레는 북유럽 신화에 등장하는 여신입니다. 전쟁에서 숨진 전사들의 영혼을 신들의 우두머리인 오딘에게 데리고 가는 역할을 하죠. 그녀의 모습이 호전적으로 묘사된 이 곡은 바그너의 음악적 성격이 잘 드러납니다. 발퀴레의 모습은 관악기의 트레몰로와 현악기의 빠른 패시지, 호른과 바순을 필두로 이어지는 붓점으로 표현됩니다. 이 악상은 날개 달린 말을 타고

바그너
〈발퀴레의 비행〉
연주 | 고양시립교향악단 · 지휘 | 카를로 팔레스키

분주하게 하늘을 오르내리는 발퀴레의 탐욕스러운 모습을 긴장감 넘치게 나타냅니다.

이 곡은 영화 〈지옥의 묵시록〉(1979)에 삽입되기도 했습니다. 베트남 전쟁을 소재로 한 영화의 전투신에서 배경 음악으로 사용된 이 곡은 전투기에서 난사되는 총알들이 빗줄기처럼 쏟아지는 장면을 더욱더 효과적으로 만듭니다. 전쟁의 잔혹함과 인간의 무감각한 잔인성이, 전쟁을 대비하는 오딘에게 수많은 영혼을 배달하는 〈발퀴레의 비행〉과 잘 어울립니다. 실현되지 못한 인간의 열망과 탐욕의 표현 같다는 생각도 하게 됩니다.

데와닷타는 권력의 힘을 맛본 뒤 겸손함을 잃었습니다. 설법을 하는 붓다에게 모두가 보는 앞에서 교단의 통솔권을 달라고 했고, 제자인 아자타삿투로 하여금 아버지 빔비사라 왕을 배신하도록 부추기기도 합니다. 데와닷타는 아자타삿투에게 부탁하여 활 쏘는 이들로 하여금 붓다를 살해할 계획까지 세웠습니다. 그러나 암살자들이 붓다의 인격에 감동하여 출가를 결심하자 그 계획은 수포로 돌아갔습니다.

또한 아자타삿투는 데와닷타를 위해 전쟁터에 나가는 코끼리인 날라기리에게 술을 먹여 탁발 나온 붓다에게 돌진하게 만들 계획을 세웁니다. 성문 앞에 풀어 놓은 포악해진 코끼리는 비구들의 행렬을 보고 난폭하게 괴성을 지르며 달려

왔지만, 붓다를 보고 갑자기 온순해졌습니다. 코끼리마저 붓다의 인격에 감화를 받았던 것이죠. 얌전해진 날라기리는 천천히 귀를 흔들며 붓다 앞에 무릎을 꿇었고, 붓다는 날라기리의 미간을 쓰다듬었습니다. 이 광경을 본 사람들은 환호를 했습니다. 모든 계획이 실패하자, 결국 데와닷타는 직접 행동하기로 마음을 먹게 됩니다. 그리고 붓다가 지나는 길에 큰 바위를 굴려 붓다를 시해하려 했지만, 단지 발에 상처를 입히는 데 그치게 됩니다.

표트르 일리치 차이콥스키(1840~1893)는 가장 러시아적인 작곡가입니다. 그의 작품은 특유의 러시아적 색채를 띠고 있으며, 깊은 절망부터 최고의 기쁨에 이르기까지 매우 폭넓은 감정의 폭을 담고 있어 짙은 감동을 줍니다. 서곡 〈1812년〉은 1882년에 모스크바에서 개최된 박람회를 기념하여 위촉된 곡으로, 나폴레옹 1세(1769~1821)가 러시아의 혹독한 추위에 무릎을 꿇은 이야기를 줄거리로 하고 있습니다.

러시아 정교 성가의 선율로 시작하는 이 곡의 첫 부분은

차이콥스키
서곡 〈1812년〉
연주 | 예루살렘 아카데미 멘디 로단 심포니 오케스트라
지휘 | 에이탄 글로버슨

비올라와 첼로가 고요하고도 장엄한 분위기를 연출합니다. 점점 긴장감을 더해가며 맞이하는 두 번째 부분은 오보에, 클라리넷, 그리고 호른의 연주로 러시아 군대의 출정을 나타냅니다. 급격히 등장한 빠른 템포의 선율은 프랑스 군대의 침공을 나타냅니다. 곧이어 프랑스 국가인 〈라 마르세예즈〉의 선율이 등장합니다. 이 선율은 처음에는 금관악기 위주로 진행되고, 뒤로 갈수록 단편적 선율로 변화합니다. 러시아 민요의 선율이 흐르고 러시아군과 프랑스군의 격렬한 전투가 각각의 선율의 교차로서 묘사되고, 앞서 등장한 러시아적인 선율들이 반복되며 복잡한 전개를 보여 줍니다. 마지막 부분에서는 경쾌하고 씩씩한 행진곡 풍의 러시아 선율이 흐르고, 〈라 마르세예즈〉의 선율이 등장하자마자 사라지는 악상을 보여 주면서 나폴레옹이 이끄는 프랑스 군대의 패배를 암시합니다. 전 세계를 지배할 것만 같았던 프랑스 군대가 1812년 10월, 러시아의 매서운 추위와 지형을 이기지 못하고 퇴각했던 역사가 음악 전체에 담겨 있습니다. 러시아군의 승리를 알리는 행진곡과 교회의 종소리, 그리고 대포와 함께하는 제정 러시아 국가가 연주되며 곡은 마무리됩니다.

데와닷타는 모든 시도가 실패하고, 출가자들의 5법에 대한 주장이 받아들여지지 않자, 마지막으로 자신을 추종하는 무리들을 이끌고 승가를 분열시키려고 시도합니다. 명예와 권력의 힘에 눈이 먼 데와닷타의 반역은 결국 실패로 돌아갔습니다. 뒤늦은 참회도 소용없었습니다.

음악은 문학과 같이 음악적 문법의 원리와 수사학적 효과에 대한 법칙을 가지고 있습니다. 말이나 그림 또는 글로 표현되지 않는 것들을 나름의 논리로 풀어갑니다. 따라서 음악의 사회적 맥락과 구조적 언어를 이해할 때 더 온전한 음악을 감상할 수 있을 것입니다. 바그너와 차이콥스키의 작품을 들으며 어리석은 욕망과 탐욕에 대해 다시 한번 생각해 보는 기회가 되길 바랍니다.

연화도

19세기는 서구 사회에 큰 변화의 물결이 넘치던 시기였습니다. 근대적 산업화의 초석, 정치적·사회적 변동과 더불어 예술에 있어서도 주체성과 내면의 감정이라는 새로운 관심사가 대두되었습니다. 음악 양식으로서의 낭만주의는 19세기 초부터 20세기의 시작까지를 아우르고 있습니다. 19세기 예술 중 가장 낭만성이 짙은 예술 장르는 단연 음악이었습니다. 낭만주의는 영어의 '로맨티시즘romanticism'을 한자로 번역한 것입니다. 자연, 이국적 풍경, 개인의 의식과 민족주의적 감정들에 기반을 둔 낭만주의 음악은 상당히 매혹적이었습니다. 음악은 낭만주의를 표현하기 위한 가장 완벽한 수단이었습니다. 독일의 작가이자 평론가인 E.T.A. 호프만(1776~1822)은 "그 주제의 무한성 때문에 음악이 모든 예술 중 가장 낭만주의적이다."라고 했습니다.

미국 독립 전쟁(1775)과 프랑스 혁명(1789)을 거치면서 형성된 도시의 중산층은 산업화된 사회에서 부르주아 시민계급이 되어 예술을 향유할 수 있는 계층이 되었습니다. 19세기의 대중은 다른 예술보다 음악에 관한 관심이 증폭되었습니다. 많은 도시에 연주회장이 건설되고, 도시 관현악단이 생기기 시작했습니다. 산업화와 기술의 발전으로 피아노의 대량 생산이 가능해졌고, 대부분의 중산층 가정의 응접실에는 피아노가 자리하게 되었습니다. 한정된 관객과 연주자들만의 음악이 모두를 위한 음악으로 변모되는 시기가 바로 낭만주의 시대입니다.

붓다가 죽림정사로 가던 어느 날이었습니다. 숲에서 잠시 쉬고 있던 붓다는 미친 사람처럼 옷매무새가 헝클어져 울고 있는 여인을 만났습니다. 3대 독자인 아들을 잃어 비통함에 빠진 그녀의 이름은 키사고타미였습니다.

"세존이시여, 저는 아들을 잃고 삶의 희망이 없어졌습니다. 제발 제 아이를 꼭 살려주십시오."

이미 품에서 숨을 거둔 아이를 놓지 못하고 울부짖는 키사고타미에게 붓다는 한 가지 제안을 했습니다.

"이 아이를 꼭 살리고 싶으면 이 길로 마을로 내려가서, 사람이 한 번도 죽어 나간 적이 없는 집을 찾아 그 집에서 겨자씨 세 알을 얻어오너라."

키사고타미는 붓다의 말에 서둘러 마을로 내려가, 집을 가리지 않고 방문해 겨자씨를 얻으려 했습니다. 그러나 그녀가 찾아간 집 중, 상을 치르지 않은 집은 단 한 집도 없었습니다. 절망에 쌓여 돌아온 키사고타미에게 붓다가 물었습니다.

"겨자씨를 구해왔느냐?"

"세존이시여, 저는 오늘 큰 깨달음을 얻었습니다. 세상에 사랑하는 자를 잃지 않은 사람은 없습니다. 죽은 아들을 살리려고 한 저의 어리석음을 알게 되었습니다."

붓다는 키사고타미에게 말했습니다.

"목숨을 가진 중생이면 누구나 할 것 없이 모두가 반드시 겪어야만 하는 일이다. 나고 늙고 병들어 죽는 괴로움을 벗어나면 행복하게 살아가는 법을 깨달을 수 있다."

붓다의 말을 듣고 마음의 평화를 얻은 키사고타미는 붓다의 제자가 되었습니다. 붓다는 이렇듯 스스로 체험하고 깨달은 것을 상황에 맞게, 근기에 따라 가르치고 설법했습니다.

19세기 유럽의 도시 중산층은 음악의 거대한 청중일 뿐 아니라 가정에서 노래와 실내악 그리고 피아노 연주 등을 하는 '음악 소비자'였습니다. 각 가정에서는 저녁마다 가곡 연주회나 아마추어 피아니스트들의 연주회가 열렸습니다. 피아노는 그 자체로 친밀감이 있을 뿐 아니라 악기 하나로 무한한 드라마를 만들어 낼 수 있는 도구였습니다. 개인 연주자의 뛰어난 역량을 발휘하기에 좋은 피아노는 19세기의 개인의 감정 표현을 중요시하는 낭만주의 시대의 분위기와 어울려 많은 작곡가들과 청중이 선호하였습니다. 그리하여 피아니스트의 뛰어난 연주 실력을 발휘할 수 있는 대규모의 작품과 섬세하고 아기자기한 소품들이 공존하게 됩니다.

쇼팽은 프랑스인 아버지와 폴란드인 어머니 사이에서 태어난 낭만주의의 대표적인 작곡가입니다. 대부분 피아노곡을 작곡하는 데 일생을 바친 쇼팽의 작품 중 가장 먼저 인기를 끈 장르는 왈츠였습니다. 작은 주제가 빛나는 클라이맥스를 향해 반복되는 형태의 왈츠는 연주회장은 물론이고 소규모 연주회장이나 살롱 음악회에 적합한 장르였습니다. Op.34의 세 개의 왈츠는 쇼팽의 진지함, 사려 깊음, 발랄한 음악성을 고루 담고 있는 작품입니다. 또한 Ab장조, Op.42는 가장 긴 작품으로, 쇼팽의 왈츠 중 최고의 걸작으로 손꼽힙니다.

쇼팽 왈츠 F장조, Op.34-3
피아노 | 조성진
(2015년 쇼팽콩쿠르 2차 예선 실황)

쇼팽 왈츠 Ab장조, Op.42
피아노 | 브루스 리우
(2021년 쇼팽콩쿠르 2차 예선 실황)

'녹턴' 또한 쇼팽의 개성이 잘 드러나는 장르입니다. 두 개의 악상이 교차되어 나오는 작곡법을 좋아했던 쇼팽의 후기 녹턴 Op.62의 두 곡은 조용한 사색에 잠기는 듯한 곡으로 살롱 음악회에 적합한 분위기를 가지고 있습니다. 두 곡 모두 농익은 화성의 표현이 돋보이며, 특히 첫 번째 곡은 병약하

쇼팽 B장조, Op.62-1
피아노 | 케이트 리우
(2015년 쇼팽콩쿠르 1차 예선 실황)

쇼팽 B장조, Op.62-2
피아노 | 찰스 리차드-아믈랭
(2015년 쇼팽콩쿠르 3차 예선 실황)

지만 음악에 대한 영감만은 끊임없이 샘솟던 쇼팽의 모습이 담겨 있습니다.

쇼팽은 폴란드를 떠나 프랑스 파리에 거주하며 음악 활동을 펼쳐나갔지만, 항상 마음 한쪽에는 고국에 대한 그리움이 자리하고 있었습니다. 특히 폴로네이즈 F#단조, Op.44는 쇼팽의 향수와 감동을 가장 잘 담고 있는 대작입니다. 화성적인 짜임새가 두텁고, 음역이 광범위하며, 전체적으로 화려한 이 곡은 가장 독창적이고 정열적인 작품입니다. 조국 폴란드의 위대함을 영웅적이고 기사적인 모습으로 폴로네이즈에 담고자 했던 그는, 느린 중간 부분에 마주르카를 삽입했습니다. 귀족의 춤이었던 폴로네이즈와는 상반된, 소박한 농민의 춤곡인 마주르카는 겉으로 드러나지 않는 민족적인 정서를 담기에 충분했습니다. 이처럼 쇼팽은 조국 폴란드의 온전한 모습을 표현하고자 했고, 이는 궁극적으로 모두를 위한 음악이 되었습니다.

쇼팽
폴로네이즈 F#단조, Op.44
연주 | 에프게니 키신

붓다는 모든 사람들에게 차별 없이 법을 설했습니다. 적절한 비유와 직면한 상황에 따라 상대방의 수준에 맞춘 붓다의 설법은 논리적이고 간결하여 슬기로운 자들은 누구나 쉽게 알아듣고 실천할 수 있었습니다. 이론과 논리를 좋아하는 말룽끼야뿟따라는 청년은 우주의 시초, 사후세계 등 쉽게 설명되지 않는 것들에 대해 완전히 알기 전에는 수행하지 않겠다고 강변했습니다. 붓다는 지적인 호기심을 채우고자 하는 형이상학적인 것에 대한 질문에 대해서는 답하지 않는 대신 '독화살의 비유'를 들어 이론에 앞선 실천의 중요성을 역설했습니다.

고전주의 시대를 거쳐 낭만주의 시대에는 수백 년간 왕실과 귀족 위주로 향유되었던 서양 클래식 음악이 '모두를 위한 음악'으로 자리 잡았습니다. 많은 사람들이 가정에서 음악을 즐길 수 있었던 데에는 쇼팽의 공로가 컸습니다.

붓다가 설법하는 방식은, 은밀한 방법으로 자신들만이 가르침을 공유하기 위해 폐쇄적인 행태를 취하던 바라문 계통의 사상가 또는 종교인들과는 사뭇 다른 행보였습니다. 듣는 이의 눈높이에 맞춘 개방적인 설법은 인도 종교사에 있어 최초의 일이었던 것입니다. 낭만주의 시대의 모두를 위한 쇼팽의 피아노 음악을 들으며, 모두를 위한 붓다의 설법을 되새겨 보았으면 좋겠습니다.

책가도

러시아의 작곡가 프로코피에프는 20세기의 음악사에서 상당히 중요하고도 독특한 위치를 차지하고 있습니다. 그의 초기 작품들은 모더니즘이라고 부르기에는 진보적이지만, 보수적인 음악인들에게는 외면받는 모호한 입지에 놓였습니다. 프로코피에프의 음악 세계는 상당히 진취적이고 새로웠지만, 수백 년 동안 계속되던 조성 음악으로부터 자유로워지려는 경향과는 그 방향이 달랐습니다. 즉각적이고 압도적인 기교와 터질 듯한 화성의 표현력은 그만의 강렬한 색채였습니다.

그의 음악은 러시아의 사회적 변화에 맞춰 유행하던 사회 풍자적이거나 그로테스크한 느낌을 많이 담고 있습니다. 그는 그로테스크하다는 평가 대신, '소극풍(burlesque)' 또는 '스케르초풍'이라는 말로 자신의 스타일을 규정지었습니다. 카를로 고치(1720~1806)의 희곡을 바탕으로 한 오페라 〈세 개의 오렌지에 대한 사랑〉은 그의 풍자적인 면모가 잘 드러나는 작품 중 하나입니다.

그의 작품 중 우리에게 친숙한 〈행진곡〉은 트럼펫의 팡파레에 이어지는 오보에의 비틀어진 듯한 느낌의 스타카토 선율로 시작됩니다. 곧이어 스네어 드럼과 마림바의 리듬 위로 현악기군의 박력 있는 선율이 등장하며 본격적인 행진에 돌입합니다. 즉흥적이면서도 열정적인 감정을 잘 담고 있는 이 곡은 단호한 리듬, 방향성 강한 선율이 특히 인상적입니다. 짧고 강렬한 행진곡은 18세기 후반의 베네치아의 풍자적 분위기를 그대로 옮겨온 듯하며, 전체적으로 프로코피에프의 성격을 잘 나타내고 있습니다.

코살라국의 파세나디 왕은 붓다를 처음 만났을 때 붓다의 가르침을 듣고 승가와 가까워지기를 원했습니다. 그는 샤꺄족의 공주와 결혼을 하면 붓다와 더욱 가까워질 수 있을 것이라는 생각에 샤꺄족에게 청혼하기로 마음먹었습니다. 부족에 대한 자부심이 강했던 샤꺄족은 파세나디 왕의 청혼을 받아들여야 할지 고민했습니다. 하지만 강대국인 코살라국과의 관계를 생각하면 거절하기는 힘들었습니다. 전쟁이 일어날 수도 있기 때문입니다.

샤꺄족의 왕자인 마하나마가 "우리집 노비 가운데 아주 아름다운 와사바캇티야라는 소녀가 있습니다. 이 소녀를 공주라고 속여 왕에게 보내는 것이 어떻겠습니까?"라고 제안

프로코피에프
〈세 개의 오렌지에 대한 사랑〉 중 〈행진곡〉
연주 | 모스크바 심포니 오케스트라 · 지휘 | 미하일 유로프스키

했습니다. 사꺄족은 그 결정을 받아들였습니다. 마하나마의 노비는 파세나디 왕과 결혼하여 왕비가 되었고, 아들을 낳아 이름을 위두다바라고 했습니다.

위두다바 왕자는 16세가 되었을 때 외가인 카필라왓투를 방문했습니다. 우연히 신분의 비밀을 알게 된 그는 크게 분노하여 사꺄족에게 복수를 하기로 결심합니다. 훗날 왕이 된 위두다바는 군대를 이끌고 카필라왓투로 향했습니다. 이를 안 붓다는 카필라왓투와 코살라국 사이에 있는 길에서 위두다바를 기다렸습니다. 붓다를 본 위두다바는 차마 전쟁을 계속하지 못하고 군대를 돌렸습니다.

프로코피에프의 발레 모음곡 〈로미오와 줄리엣〉은 그의 작품 중에서 자주 연주되는 곡입니다. 첫 곡 〈몬테규가와 캐플렛가〉는 제목에서 나타내듯 두 가문의 갈등을 음악적으로 표현하고 있습니다. 금관악기의 강한 불협화음 코드가 수차례 연주된 후, 호른을 위시한 금관악기의 배경 위에 등장하는 현악기의 펼침 화음은 음악적 긴장감을 담고 있습니다. 붓점으로 상행과 하행을 반복하며 점점 날카로워지는 선율들은 결투를 예견하고 있습니다. 트롬본의 묵직한 음형, 트

프로코피에프
모음곡 〈로미오와 줄리엣〉 중 〈몬테규가와 캐플렛가〉
연주 | 프라하 필하모닉 오케스트라 · 지휘 | 안드레이 보레이코

럼펫의 강하고 날카로운 리듬, 튜바의 결연한 음색에서 프로코피에프의 폭넓은 표현력이 느껴집니다. 느린 부분에 등장하는 고음의 플루트 선율과 탬버린 리듬은 두 가문의 화해의 무드를 짧게 묘사하는 듯하지만 결국 결연한 분위기의 긴장감 넘치는 첫 부분을 반복하고 끝맺음합니다.

위두다바는 세 번에 걸쳐 카필라왓투를 침략하고자 했습니다. 하지만 그때마다 붓다가 가로막아서 뜻을 이루지 못했습니다. 붓다는 위두다바가 군대를 이끌고 지나가는 길목의 앙상한 나무 아래 앉아 그를 기다렸습니다. 위두다바가 붓다에게 어찌 그늘도 들지 않는 곳에 계시냐고 여쭈었을 때, 붓다는 이렇게 말했습니다.

"친족의 그늘이 시원한 법입니다."

사꺄족을 지키려는 마음을 알아챈 위두다바는 붓다를 마주칠 때마다 군대를 돌렸습니다. 그러나 그가 네 번째로 군대를 일으켰을 때 붓다는 더 이상 그를 막지 않았습니다.

프로코피에프의 즉각적이고 선명한 표현력은 피아노 작품에서 더욱 빛납니다. 그의 피아노 소나타 6, 7, 8번은 일명 '전쟁 소나타'라고 불리며 20세기 피아노 문헌에서 주요한 위치를 차지하고 있습니다. 확고한 조성 아래에서 파괴적인 모더니즘과 폭력성을 담은 그의 소나타 7번 Bb장조는 세 곡의 '전쟁 소나타' 중에서도 당시 소련의 전쟁 상황과 가장 유사한 모습을 보입니다. 베토벤으로부터 내려오는 고전적인 소나타의 구조와 형식, 리스트를 닮은 비르두오소석인 면모, 그리고 프로코프에프 특유의 직관적인 표현력이 드러나는 이 곡은 연주자에게 테크닉과 감수성을 모두 요구합니다.

프로코피에프
피아노 소나타 7번 Bb장조
피아노 | 알렉세이 술타노프

모두 세 악장으로 이루어진 이 소나타의 첫 악장은 유니즌으로 시작됩니다. 반복되는 리드미컬한 호전적인 선율은 전쟁의 치열함과 그 고통을 담고 있습니다. 또 대비되는 분위기를 가진 두 번째 주제는 허무함과 애잔함을 동시에 표현하고 있어 마치 사꺄족의 멸망을 연상시킵니다. 붓다는 사꺄족이 지은 악업은 피할 수 없음을 알고 더 이상 위두다바를 말리지 않았고, 그는 결국 대군을 이끌고 카필라국을 침략하여 멸망시키고 말았습니다.

위두다바는 전쟁의 승리를 기념하며 사왓티성에서 큰 축하연을 열었습니다. 그때 큰 폭풍우가 몰아쳐 위두다바는 코살라국의 군대와 함께 한순간에 사라져버렸습니다. 소나타의 3악장은 언뜻 개선의 분위기로 느껴지지만, 오히려 성급하고 맹렬했던 전투와 이후 순식간에 사라져버린 군대와 복수심에 불탔던 위두다바의 카필라국 침략에 대한 대가를 표현하고 있는 것 같습니다. 반복되는 연타리듬과 간결하지만 특징적인 화성은 폭력성과 야만성 그리고 허무함을 동시에 표현하고 있습니다.

서정적이고 아름다운 소나타의 두 번째 악장은 격렬한 두 악장 사이의 대비되는 악장으로 매우 차분한 분위기를 가지고 있습니다. 동시에 고요함 속에 차가움도 느껴집니다. 사꺄족의 멸망은 만년의 붓다에게 고통이자 시련이었습니다. 느린 2악장의 정적이고 세련된 피아니즘은 마치 붓다의 슬픔을 담고 있는 것만 같습니다.

연화도

21
텅
빈
그
리
움

붓다는 만년에 몇 가지 큰 아픔을 겪었습니다. 데와닷타의 반역과 사꺄족의 멸망, 그리고 사리풋타와 목갈라나의 열반이 그것입니다. 붓다의 두 상수제자인 사리풋타와 목갈라나는 승가의 지도자적 위치에서 붓다를 도왔습니다. 그들이 있었기에 불교는 크게 발전할 수 있었습니다. 이 둘은 붓다보다 연장자였지만, 붓다를 존경했습니다.

사리풋타는 자신의 열반을 예견하고 병약해진 몸을 이끌고 붓다에게 마지막 인사를 드린 뒤, 고향인 날라카로 돌아가 자신이 태어났던 벽돌집에서 마지막을 보냅니다. 붓다는 사왓티에 탑을 건립하고 그의 유해를 안치하도록 했습니다. 먼저 입적한 제자의 유골을 받아든 붓다는 이렇게 말했습니다.

"그는 지혜롭고 총명했다. 재주도 많았지만 욕심이 적어 만족하는 법을 알았고 늘 용감했다. 사리풋타를 잃으니 나는 가지가 부러진 고목과 같구나."

곧이어 목갈라나마저 열반에 들었고 붓다는 그를 위해 라자가하 시내에 탑을 새로 지었습니다. 이들의 열반은 아난다를 비롯한 많은 수행자들에게도 큰 슬픔이었습니다.

모차르트는 유년 시절 연주 여행으로 인해 가족의 따뜻함을 누릴 여유가 없었습니다. 아버지를 따라 유럽 전역을 다니며 연주와 작곡으로 명성을 떨쳤지만 어린 천재에게 어머니의 빈 공간은 매우 컸습니다. 모차르트는 1777년, 어머니와 함께 처음으로 연주 여행을 떠나게 되었습니다. 목적지는 그가 7세 때 처음 방문해 좋은 인상을 받았던 파리였습니다. 그러나 십수 년이 지나 방문한 파리는 모차르트에게 냉담했습니다. 파리의 청중들은 신동 모차르트는 사랑했었지만 원숙미 넘치는 모차르트에게는 어쩐 일인지 차가운 시선을 보낼 뿐이었습니다.

설상가상으로 모차르트의 어머니는 객지에서 병을 얻게 됩니다. 파리에서 환영받지 못한 모차르트는 시들해져버린 자신의 인기와 명성을 되찾기 위해 분주하게 작품을 위촉받고 연주를 하느라 어머니를 돌볼 틈이 없었습니다. 결국 아들과의 첫 연주 여행에서 모차르트의 어머니 안나 마리아는 숨을 거두게 됩니다. 오로지 음악만을 알았던 철부지 천재 모차르트는 어머니의 죽음 앞에서 순간 어른이 되어 버렸습니다. 아내의 죽음으로 충격을 받을 아버지를 생각해 '어머니가 위독하다'라는 편지를 썼고, 친구에게는 '슬퍼할 아버지를 잘 위로해 달라'는 내용의 편지를 보냈습니다. 이때 작곡했다고 전해지는 작품이 피아노 소나타 A단조, K.310입니다. 모차르트의 피아노 소나타는 단 두 곡을 제외하고는 모두 가볍고 밝은 느낌을 담고 있는 장조의 작품들입니다. 모차르트가 아버지에게 보낸 편지에서는 어머니의 사망을 '위독함'으로 대신하고 있습니다.

모차르트
피아노 소나타 A단조, K.310
피아노 | 손열음

첫 악장은 눈물이 흐르는 듯한 느낌의 선율로 시작합니다. 마치 어머니를 고향으로 모시고 싶은 마음이 표현된 것 같은 왼손의 반주 음형은 말발굽 소리를 연상시킵니다. 전반적으로 슬픔과 눈물의 정서가 느껴지는 첫 악장은 눈물을 꾹 참고 파리에서 바쁘게 움직이는 성숙한 음악인의 모습도 언뜻 느껴집니다. 두 번째 느린 악장은 담담한 회상과도 같습니다. 어머니와의 얼마 되지 않은 추억, 어머니에 대한 그리움 등으로 생각할 수 있는 침착하고 따뜻한 악장입니다. 기억의 단편들로 채워진 것만 같은 2악장은 훌륭한 오페라 작곡가로서의 모차르트의 면모도 발견할 수 있습니다. 주제가 반복되는 론도 형식의 마지막 악장은 도전적이면서도 한편으로는 정적입니다. 어쩌면 남겨진 자가 슬픔을 극복하려는 의지를 간결하게 표현하려는 것인지도 모르겠습니다.

멘델스존은 불행과 가난으로 점철된 다른 많은 작곡가들에 비해 유복한 가정에서 자라나 생명력 넘치는 아름다운 기운과 고상한 기품이 넘치는 작품들을 작곡했습니다. 고전주의적 질서와 형식 위에 특유의 안정감 넘치는 낭만주의적 음악을 구현한 그의 작품들은 대부분 안정적이고 세련된 분위기를 담고 있습니다. 그의 어린 시절은 다양한 문학·언어·역사·스포츠 등으로 짜여진 교육으로 가득찼고, 언제나 누나 파니 멘델스존(1805~1847)과 함께였습니다.

동생 이상으로 음악에 뛰어난 재능을 보였던 파니는 피아노 연주와 작곡에 모두 능숙했습니다. 관습에서 자유롭지 못한 시대적인 분위기에서 그녀는 음악가로서 성장하지는 못했지만, 살롱 음악회에서 간간히 연주를 하며 동생의 영원한 음악적 동반자 역할을 할 수 있었습니다. 1847년 봄, 베를린의 일요음악회에서 연주 도중 손가락에 마비가 와 쓰러진 파니는 그날 밤 생을 마감했습니다. 이미 누나의 장례식과 추도식을 마친 뒤에 비보를 접한 멘델스존은 크게 울음을 터뜨린 후 기절해버립니다. 그는 형용할 수 없는 슬픔에 잠겼습니다. 음악적 영감의 원천이기도 했던 파니의 부재는 그를 돌이킬 수 없는 상태로 바꾸어 놓았습니다.

현악 4중주 F단조, Op.80은 멘델스존이 누나를 잃은 슬픔을 고스란히 담고 있습니다. 이 곡에서는 그의 작품에서 느껴지던 안정감과 평온함은 전혀 찾아볼 수 없습니다. 불안하고 격정적인 첫 악장의 트레몰로와 몰아붙이는 빌작과도 같은 선율은 어떤 위로도 멘델스존에게는 아무 소용이 없을 것만 같은 느낌입니다. 세련되고 우아함으로 대표되는 그의 스케르초와는 완전히 다른 두 번째 악장은 들쑥날쑥한 반음계 선율과 혼란스러운 리듬으로 가득 차 있어 지금까지 보지 못한 멘델스존의 다른 얼굴을 보는 것 같습니다.

멘델스존
현악 4중주 F단조, Op.80
연주 | 에스메 콰르텟

작곡가이자 평론가인 이그나츠 모셸레스(1794~1870가) 언급한 '고통스러운 감정의 동요'가 매우 적절하게 느껴집니다. 또한 느린 3악장의 후반부의 고통스러운 듯 반복되는 베이스, 오스티나토는 멘델스존이 이 곡을 통해 견딜 수 없는 격정적인 슬픔의 감정을 억지로 눌러 담고 있는 것만 같습니다.

멘델스존의 마지막 작품인 〈옛 독일의 봄노래〉의 가사는 다음과 같습니다.

멘델스존
〈옛 독일의 봄노래〉 4번
테너 | 토머스 햄프슨 · 피아노 | 제프리 파슨스

나는 홀로 고통스러워하네.

이 고통은 끝나지 않으리라.

나는 너로부터, 너는 나로부터

아아 사랑하는 이여, 헤어져야 했으니.

음악에 대한 깊은 이해와 공유, 열정으로 단단한 유대감을 나누던 누나의 죽음 몇 달 뒤 그녀의 베를린 집을 방문하고 쓴 멘델스존의 이 곡은 그리움으로 가득합니다. 이 곡을 마지막으로 멘델스존 역시 세상을 떠났습니다. 누나와의 이별 후 6개월이 채 되지 않았을 때였습니다.

아끼던 두 제자를 떠나보낸 붓다는 제자들에게 이렇게 말했습니다.

"나는 그대들에게 우리는 사랑하는 사람들과 언젠가는 헤어져야 한다고 가르쳐 왔다. 태어나서 존재하는 것들은 언젠가 무너지기 마련이다. 하지만 사리풋타와 목갈라나가 없는 이 모임은 나에게는 텅 빈 것과 같구나. 이전에는 그들이 있어 항상 가득 찬 느낌이었는데."

깨달은 이의 인간적인 모습이 느껴지는 대목이 아닐 수 없습니다.

청룡도

붓다는 열반이 가까워져 오고 있음을 알고 고향 카필라 왓투를 향하여 마지막 교화의 여정을 떠났습니다. 때는 6월, 낮 최고 기온이 섭씨 50도를 넘는 더운 날, 중생을 향한 자비심과 연민으로 교화를 결심했습니다. 붓다는 뜨거운 뙤약볕을 마다하지 않고 약해진 몸을 이끌고 북쪽으로 향했습니다.

리스트(1811~1886)는 그 누구보다 체력과 정신력이 강했기 때문에 복잡한 삶의 흐름 속에서도 방대한 작품을 남길 수 있었습니다. 건강에 이상 신호가 나타난 시기에도 끊임없이 연주 여행과 작곡, 지휘를 강행했습니다. 그의 노년의 작품들은 청년기의 작품에 비해 어둡거나 비장한 느낌을 많이 담고 있습니다.

〈잠 못 이루는 밤, 질문과 대답〉은 리스트의 후기 작품 중 독특한 분위기의 곡입니다. 첫 부분은 잠들지 못하는 밤의 형언할 수 없는 감정과 더불어 무언가에 대한 의문을 느낌 그대로 표현한 듯 거칠고 도전적입니다. 그러나 짧은 쉼표

리스트
〈잠 못 이루는 밤, 질문과 대답〉
피아노 | 시프리엔 카차리스

뒤에 나오는 단선율은 앞서 나온 질문을 다소 메마른 느낌으로 나직히 받으며 간결하지만 또렷한 답을 제시해 주고 있는 것 같습니다. 이 서사적인 곡은 '질문과 답'이라는 일반적인 구조를 선명하게 보여 주면서도, 노년의 리스트의 명상적이고도 철학적인 모습을 나타내 주고 있습니다.

라자가하를 출발하여 첫 번째로 도착한 곳은 암바랏티카 동산이었습니다. 붓다는 "이것이 계율이다. 이것이 선정이고 지혜이다. 계戒를 실천했을 때 정定의 큰 이익과 과보가 있으며, 정을 실천했을 때 혜慧의 큰 이익과 과보가 있다."고 했습니다. 바로 계정혜 삼학에 대한 말씀입니다.

붓다는 나란다, 파탈리 마을, 갠지스 강, 코티 마을, 나디카 마을을 거쳐 마지막으로 웨살리에 도착했습니다. 붓다는 이 여정 중에 사성제에 관하여 설하기도 했습니다. 붓다는 마지막 목적지였던 상업도시 웨살리에 도착하여 암바팔리의 망고동산에 잠시 머물렀습니다. 유녀 암바팔리가 설법을 청하자 붓다는 그녀에게 여러 가르침을 설하여 격려하기도 했습니다.

리스트의 피아노 작품 중 '녹턴'이라는 부제를 가진 〈즉흥곡〉은 사색에 잠긴 듯하게 시작합니다. 첫 부분은 슈베르트의 즉흥곡 G♭장조, Op.90-3과 유사한 것 같지만 곧 이어지는 리스트 특유의 화려한 화성의 전개와 교차되는 선율이 몽상적입니다. 밤의 신비스러운 선율과 즉흥성이 동시에 느껴지는 조성의 움직임이 상당히 고차원적인데, 그 방법은 매우 자연스럽고 한편으로는 교묘합니다. F#장조에서 C단조로 이동하는 태연한 기법은 리스트의 마법과도 같습니다. 가장 먼 거리의 조성을 전혀 거리감 없이 넘나들며 완벽한 경지를 느끼게 합니다.

리스트
〈즉흥곡〉
피아노 | 블라디미르 호로비츠

리스트는 '피아노의 파가니니(1782~1840)'로 불려질 만큼 그의 피아노 작품들은 연주자의 기교를 돋보이게 하는 작품이 대부분입니다. 한편 그의 작품 중 세련되고 고귀한 낭만성을 지닌 〈순례의 해〉와 그 이후의 작품들에서는 리스트의 비르투오소적인 면에 가려져 있던 내면의 서정성과 진중한 음악적 서사를 발견할 수 있습니다. 〈즉흥곡〉에서도 아름답고 가슴 저미는 듯한 선율이 고조되었다가 진정되는, 단정하기까지 한 모습은 한 차원 넘어선 격조를 보여 줍니다.

웨살리에서 붓다는 아난다에게 "아난다야, 내가 웨살리 마을을 보는 것도 이것이 마지막이 될 것이다."라고 하며 마지막 교화의 여정을 암시하기도 했습니다. 붓다는 웰루와 마을로 이동하여 우기가 시작될 무렵 여름 안거를 시작했습니다.

안거 도중 붓다는 심한 병에 걸렸는데, 그 고통은 죽음에 이를 정도로 컸습니다. '내가 승가와 신자들에게 아무 말 없이 반열반(입멸)에 드는 것은 옳지 않다.'라고 생각한 붓다는 정진력으로 고통을 감내했습니다. 붓다는 병을 이겨내고 아난다에게 '자등명 법등명 自燈明 法燈明'을 설했습니다.

'피아노 독주회'가 오늘날의 형식을 갖추게 된 것은 리스트의 가장 큰 업적 중 하나입니다. 이전까지는 음악회에 여러 명의 연주자가 출연하는 것이 일반적이었습니다. 리스트는 한 명의 연주자가 음악회 전체를 책임지는 독주회를 리사이틀이라는 이름으로 탄생시켰습니다. 그는 자신의 작품도 연주했지만, 바흐부터 쇼팽에 이르기까지 모든 시대의 작품들을 프로그램에 넣었습니다. 오늘날의 음악회 레퍼토리 선곡과 같은 구성이었죠. 또한 뛰어난 암보력을 가졌던 리스트는 모든 곡을 악보 없이 연주했습니다.

리스트가 그의 잘생긴 옆모습을 청중에게 보여 주기 위해 피아노를 옆으로 놓았다고도 전해집니다. 하지만 실제로는 피아노 뚜껑에 반사된 소리가 청중들을 향해 전달되도록 하기 위해 피아노의 위치를 정하고 피아니스트가 무대 옆쪽에서 등장하도록 연출했던 것입니다. 그럼으로서 연주자의 뒷모습만 보아야 했던 이전 시대의 음악회와는 달리 리스트가 만든, 오늘날의 독주회의 원형이 되는 음악회 형식으로 연주자의 표정과 몸짓까지 더 잘 볼 수 있었기 때문에 청중들은 연주를 더욱 생생하게 느낄 수 있었습니다. 그래서 리스트뿐 아니라 그 시대의 연주자들은 오늘날의 아이돌과 같은 인기를 누릴 수 있었습니다.

젊은 시절 리스트는 작곡과 연주 활동으로 제자들을 키울 여유가 없었습니다. 하지만 노년에 이르러서는 정기적인 레슨과 함께 공개 레슨 형태의 마스터클래스를 통하여 예술적인 표현과 그것을 전달하는 방법을 중점적으로 다뤘습니다.

노년의 리스트는 음악가로서 유일하게 남아 있는 목표가 '한계가 없는 미래 세계를 향해 창을 던지는 것'이라고 밝혔습니다. 〈먹구름〉은 후기 낭만주의와 다음 시대를 예견하는 작품의 면모를 보여 줍니다. 건강이 악화된 후 쓴 이 곡은 감성적으로는 젊은 시절의 화려한 삶과는 정면으로 대치되는, 새로운 차원의 자기 인식과 체념적인 정서를 담고 있습니다. 하지만 음악적으로는 20세기 혹은 인상주의적인 모호한 텍스처와 화성을 예견합니다. 뚜렷한 주제도 나타나지 않습니다. 해결되지 않은 불협화음과 이리저리 떠다니는 듯한 음색, 그리고 종결의 느낌을 전혀 가지고 있지 않은 종지 등 독

리스트
〈먹구름〉
피아노 | 시프리엔 카차리스

특한 음악 어법으로 가득 차 있습니다.

"저마다 자신을 등불로 삼고 진리를 의지하라. 다른 것에 의지하지 말고 스스로의 법의 등불을 밝혀 수행하라."는 붓다의 가르침을 떠올리며 리스트의 후기 작품들을 감상해 봅니다. "음악의 감동은 반드시 장대하거나 큰 음향, 또는 장식적인 화려함에서 오지 않는다."는 노년의 리스트의 철학이 담긴 작품들은 또 다른 진지함을 가져다줍니다. 초절기교와 독보적인 행보와 업적을 남겼던 젊은 리스트. 뒤늦게 후학을 양성하고 그만의 음악 세계를 구축해 나가며 미래를 바라보던 모습과 그의 후기 작품에서 붓다의 열반의 여정을 느껴봅니다.

화조도

흔히 우리는 역경을 딛고 목표를 성취한 한 인간의 위대함을 칭송합니다. 더불어 끊임없는 내적 욕구와의 투쟁에서 승리하는 그 과정에서 강한 인상을 받습니다. 우리가 2,500여 년 전의 붓다 또는 공자나 노자, 예수를 오늘날 여전히 말하고 있는 것은 그들이 성취한 결과물뿐만 아니라, 그들이 고난의 과정에서 타협하지 않았던 삶의 모습이 더욱더 진한 감동으로 다가오기 때문입니다.

우리는 붓다의 삶이 얼마나 치열했는지 알 수 있습니다. 왕자로서 누릴 수 있는 모든 것을 버리고 수행자의 삶을 택하는 순간, 고난의 길은 예견된 것이었습니다. 6년간의 긴 고행은 그의 몸과 마음을 피폐하게 만들었습니다. 그 누구보다도 처절한 고행을 감내했지만 그토록 염원하던 깨달음을 얻지 못했을 때, 그가 느꼈을 절망의 깊이는 엄청났을 것입니다. 하지만 그는 절망 속에서 절규하는 대신 차분하고 냉철하게 고행의 여정과 그동안의 삶의 궤적을 면밀하게 성찰하게 됩니다. 가장 절망적인 순간에 가장 차가워질 수 있는 힘이 붓다를 깨달음의 길로 이끌었습니다. 이것이 붓다의 위대함입니다.

경전에서는 악마 마라의 등장으로 이 부분을 매우 드라마틱하게 묘사합니다. 욕계의 지배자이자 죽음의 신인 마라는 수행자 고타마 앞에 등장합니다. 고행 중에는 눈길도 주지 않던 악마들의 왕이 냉철하게 날선 의식으로 고행을 포기했을 때 나타난 것입니다. 그리고 회유를 합니다. "고행을 통하지 않고 어떻게 깨달음을 얻을 수 있는가?", "만약 그대가 원하면 세상의 지배자가 될 수 있을 것이다.", "사는 것이 중요하지 않은가. 죽는다면 무슨 소용인가. 살아서 영화를 누려라." 등 갖은 언변으로 붓다를 유혹하며 때로는 위력을 행사하기도 하고 위협을 가하기도 합니다. 그러나 이미 깨달음에 근접한 수행자 고타마에게는 두려움도 나약함도 없었습니다.

음악가에게 청력은 생명과도 같습니다. 불멸의 작곡가 베토벤이 느꼈을 절망 역시 상상할 수 없습니다. 베토벤은 서른을 넘기면서 귀가 잘 들리지 않았습니다. 그의 청력이 점점 약해져 갔지만 아직 젊은 베토벤은 진취적이고 당당한 음악을 추구했습니다. 우리가 흔히 악성 베토벤을 떠올릴 때 느껴지는, 베토벤의 웅장함과 장대한 느낌을 담고 있는 교향곡 5번 C장조, 피아노 소나타 C장조 〈발트슈타인〉, 피아노 소나타 F단조 〈열정〉 등이 이 시기의 작품들입니다. 가혹한 운명에 맞서겠다는 젊은 베토벤의 의지가 작품 속에 녹아

들어가 있습니다. 그가 청력이 상실된 상태에서 작곡한 후반기의 작품들은 일종의 실험성을 담고 있었습니다. 또한 피아노라는 악기의 88개의 건반을 모두 사용하며 폭넓은 악상을 그려냈습니다. 그의 마지막 소나타 C단조, Op.111을 들어봅니다. 첫 악장은 다른 앞의 두 작품 Op.109, Op.110과 마찬가지로 느린 도입부를 가지고 있지만, 그 분위기는 사뭇 다릅니다.

베토벤
피아노 소나타 C단조, Op.111
피아노 | 스비아토슬라브 리히터

하강하는 감7도 화음으로 시작되는 첫 두 음은 무언가 앞으로 일어날 일들을 암시하는 듯한 분위기를 풍기며, 같은 C단조의 소나타 〈비창〉의 첫 악장과의 유사성으로도 종종 비교됩니다. 그러나 그 분위기는 조금 더 비장하고 고통스러우며, 그것을 감내해 나갈 것이라는 각오가 느껴집니다. 마치 6년간의 고행과 절망에 놓인 수행자 고타마의 모습을 떠올리게 합니다.

상당히 긴 시간 동안 지속되는 그 엄숙한 분위기는, 단호

베토벤
피아노 소나타 C단조 〈비창〉, Op.13
피아노 | 다니엘 바렌보임

하게 시작되는 대위법적인 주제로 연결되며 새로운 국면을 맞이합니다. 바로크 시대의 대표적인 작곡법인 '대위법'은 어느 한 성부에 주요 선율이 등장하는 고전 시대의 작곡법과는 달리, 각 성부가 동등한 중요성을 갖게 되는 형태입니다. 서양 음악의 정수라고도 일컬어지는 이 대위법적인 작곡법을 낭만주의 시대를 눈앞에 둔 고전주의 시대의 마지막 무렵에 다시 꺼내 든 이유를 생각하며, 고타마가 6년 동안의 정진에도 쉽게 얻을 수 없는 깨달음을 위해 어린 시절의 경험을 반추해 내는 과정에 비유해 봅니다.

이 주제는 첫 악장의 전체를 아우르는 중요한 요소로 시종일관 긴박감을 유지합니다. 마치 악마 마라와 마주한 수행자 고타마의 모습을 그리고 있는 것처럼, 비장함과 긴장감의 연속으로 돌풍과 같았던 악장의 마지막은 예상과는 달리 짧은 코다와 함께 담담하게 마무리됩니다. 이 열세 마디의 코다는 바다의 물결을 묘사하는 듯한 16분음표의 패시지 위에 오손의 정갈한 화음으로 이루어져 있습니다. 마치 차안에서 피안의 세계로 나아가는 반야용선般若龍船의 모습을 떠올리게 합니다.

두 번째 악장은 1악장의 마지막 화음의 연장선상에서 느끼는 고요한 아리아와 같은 선율을 주제로 가진 다섯 개의 변주곡으로 이루어져 있습니다. 일반적으로 고전 시대의 소나타는 빠른 첫 악장, 느리고 서정적인 두 번째 악장, 경쾌하고 사랑스러운 악장과 화려한 마지막 악장까지 주로 3~4개의 악장으로 이루어져 있습니다. 그에 반해, 이 곡은 단 두 악장뿐입니다. 1822년 이 곡이 출판되기까지 출판업자는 마지막 3악장을 보내달라고 계속 베토벤을 재촉하기까지 했습니다. 사라지듯 마무리되는 느린 악장으로 끝나는 이 소나타는 당시 사람들에게는 상당히 낯설었기 때문입니다.

세상의 모든 것이 정지한 것 같은 가운데 시작되는 주제와 첫 번째 변주는 첫 악장에서의 모든 고통과 비장함과는 전혀 무관하게, 혹은 그 모든 비장함과 고통스러움을 해결이라도 한 듯이 매우 평화롭게 유지됩니다. 두 번째 변주는 조금은 경쾌하고 가벼운 느낌의, 산책하는 것 같은 선율로 이전 변주의 분위기를 이어갑니다. 세 번째 변주에서는 조금 다른 국면을 맞이하는데, 이 변주는 마치 깨달음의 서문을 알리는 듯합니다.

이후의 변주에서는 그 어느 악장에서도 느낄 수 없었던 또 다른 세계가 펼쳐집니다. 왼손 저음의 5도의 반복 음형 위에 펼쳐지는 오른손 코드는 큰 악상의 변화 없이 이어나가며, 마지막에는 모든 것을 이룬 것 같은 끝맺음을 하게 됩니다. 이 마지막 소나타 이전의 작품에서도 베토벤은 다양한 장르적, 형식적 혁신을 보여 주었지만, 특별히 이 곡에서는 모든 것이 총망라되어 있는 것을 볼 수 있습니다. 베토벤의 시도와 실험을 고타마의 고행과 깨달음의 추구, 그리고 입멸의 과정에 비유해 봅니다. 어떤 평론가는 이 두 악장을 각각 '물질의 세계와 정신의 세계'로 규정하기도 했습니다. 이러한 해석은 붓다가 깨달음을 추구해 가는 긴 과정을 표현한 것으로도 이해할 수 있습니다.

붓다는 그의 임종을 지키고자 모여든 제자들에게 "게으름을 피우지 말고 열심히 정진하라."는 마지막 말씀을 남겼습니다. 25년간 붓다를 모셨던 아난다 존자는 뜨겁게 흐느꼈습니다. 베토벤의 마지막 소나타에서, 붓다가 자신을 포함한 모든 사람들을 차안의 세계에서 깨달음의 세계인 피안의 세계로 이끌어 가는 모습, 그리고 완전한 열반, 반열반(입멸)에 다다른 붓다를 느껴봅니다.

화조도

경계를 넘은 음악

1960년대 뉴욕, 경계를 허무는 새로운 예술의 사조인 '미니멀리즘minimalism'이 대두되었습니다. 미니멀리즘의 핵심은 '단순함'이었습니다. 특히 미술이나 실내장식 디자인에서 확연하게 드러나는 미니멀리즘은 단순한 선, 기하학적 패턴, 그림 조각 모음 등등으로 쉽게 다가옵니다. 이들은 불필요한 것들을 생략하는 즐거움을 누리는 하나의 라이프 스타일로 정착되어, 이런 생활 방식을 실천하는 사람들을 미니멀리스트minimalist라고 부르기도 합니다. 음악에서의 미니멀리즘은 조금 특징적입니다. 단순한 패턴의 반복과 변형이 그 핵심이던 음악에서의 미니멀리즘은, 조금은 격렬하고 과격하며 복잡한 현대음악에 지루해진 청중들의 귀에 편안하게 다가왔습니다. 최소한의 것을 가지고 풍부한 음악을 만들어 낸 것이죠.

부처님의 일상은 간결함 그 자체라고 할 수 있습니다. 대표적인 미니멀리스트라고 할 수 있습니다. 세 벌의 옷과 한 벌의 발우는 부처님이 가진 전부였습니다. 부처님과 제자들은 동이 터오면 옷을 입고 발우를 가지고 마을에 들어가 먹을 만큼만 걸식했습니다. 오후불식. 식사 역시 하루에 한 번이면 족했습니다. 걸식을 마친 후에는 손과 발을 잘 씻고서 다시 나무 아래로 향했습니다. 그곳에서 휴식을 취하고 선정에 잠기기도 했습니다. 부족한 것이 아무것도 없었습니다.

경전에서도 미니멀리즘과 맞닿아 있는 부분을 찾을 수 있습니다. 부처님은 세속에서 출세간으로 그 삶을 전환했습니다. 여기서 세속은 소유의 삶을 의미합니다. 소유는 물질적 소유와 정신적 소유로 구분됩니다. 정신적 소유는 인간관계 속에서 나타나는 명예, 평판, 자부심, 우월감 등을 비롯해서 정신적인 만족감에 대한 추구, 행복, 쾌락에 대한 지향 등을 모두 포괄합니다. 물질적 소유는 현대사회에서는 '돈'으로 집약되는데, 그 안에 집, 차, 옷, 먹을 것, 여행, 부동산 등 우리 삶에 도움이 되는 물질 모두가 포함됩니다.

『숫타니파타』의 「자애의 경」에는 이런 말씀이 있습니다. "(자애를 수행하는 사람은) 만족하고, 부양하기 쉽고, 해야 할 의무가 적으며, 검소한 자이어야 합니다. 고요한 감각기관을 지니고, 지혜롭고, 겸손하고, 다른 사람들의 집에서 욕심을 부리지 않는 자이어야 합니다." 미니멀리즘을 이보다 더 명확하게 정의할 수 있을까요.

부처님의 가르침은 단순히 출세간의 삶을 지향하라는 것은 아닙니다. 세속의 삶에서, 물질 문명 속에서, 또 복잡한 인간관계 속에서, 나를 둘러싼 환경과 모든 것을 맑고 가볍게 가져가고자 노력하는 것이 필요하다는 뜻입니다. 나와 세상을 위해 해야 할 바를 충신히 하지만, 삶을 사볍게 가져가는 것, 그것은 부처님이 2,500년 전 미리 예견하신 미니멀리즘의 실천입니다.

1. 반복의 미학, 필립 글래스

불교에서 가장 큰 명절은 단연 '부처님오신날'입니다. 고타마라는 한 인물의 탄생을 기념하는 이 날은 모든 불자들에게 가장 큰 의미를 주는 날이죠. 한편 출가재일은 수행자로의 삶으로 내딛는 두 번째 탄생을 뜻하는 날입니다. 싯닷타 태자가 풍요로운 현실을 모두 버리고 왕궁을 떠나 더 나은 삶을 위한 선택, '위대한 포기'를 결심한 역사적인 날은 또 다른 의미의 탄생으로, 우리에게는 또 하나의 '부처님오신날'입니다. 성도재일(음력 12월 8일)은 궁극적인 깨달음을 얻은 '부처님'의 탄생일입니다. '깨달은 자, 붓다'의 탄생이야말로 진정한 의미의 '부처님오신날' 아닐까요. 마지막으로 깨달음으로 진정한 자유를 얻은 붓다의 열반은 '우리에게 오신 진정한 부처님의 탄생'으로 생각해 볼 수 있습니다. 궁극적인 완성의 의미를 가진 '열반' 역시 또 하나의 탄생의 의미를 가지기 때문입니다.

양력으로 새해를 맞이하면 곧 성도재일이, 설날과 정월대보름을 지나고 경칩 무렵이면 출가재일(음력 2월 8일)과 열반재일(음력 2월 15일)이 차례로 다가옵니다. 그리고 따뜻한 봄날에 맞이하는 부처님오신날, 삶의 진정한 의미를 생각해 볼 수 있는 기회일 것입니다. 기대와 설렘과 함께 색다른 음악을 들어보면 어떨까요. 매우 적은 양의 소재로 작품 전체를 완성하는 새로운 양식의 음악을 소개합니다.

1960년대의 미국에서는 지금까지 찾아볼 수 없던 새로운 열풍이 불었습니다. 그 원인 중 하나는 〈4분 33초〉로 유명한 존 케이지의 '장착된 피아노'를 위한 작품에서 찾을 수 있습니다. 장착된 피아노의 밀도가 낮은 음조직으로 표현되었던 '자아를 내려놓는' 아이디어에서 일부 작곡가들은 상당한 영감을 얻었고, 동시에 극단적인 전위음악가들이 보여 준 불확정성과 집착적인 실험성에 대해 반기를 들었던 것입니다.

또한 '반복'에 대해 새로운 생각이 대두되었습니다. 실제로 반복은 음악이 성립되기 위한 절대적인 조건입니다. 단순한 소리와 음악을 구분하는 기준의 한 예가 되는 것이 반복의 패턴입니다. 예를 들어 빗방울이 떨어지는 소리는 단순히 소리일 뿐이지만 그것을 반복해서 들으면서 일정한 패턴을 찾을 수 있다면, 우리는 그것을 음악에 비유할 수 있습니다. 기계의 소음과 같은 소리들도 반복을 통해 패턴을 지각하면 작품으로 발전될 수 있는 것처럼요.

음악의 절대적인 요소인 반복의 구조는 어느 시대에나 전통적으로 사용되었지만, 20세기의 작곡가들은 특별히 그것을 강조하여 '미니멀리즘'이라는 새로운 사조를 만들어 냈습니다. 즉 음악에서의 미니멀리즘은 소리의 움직임을 최소한으로 억제하고 패턴화된 음형을 반복시킴으로써 구성되는 형태를 뜻합니다.

현대음악 작곡가 필립 글래스(1937~)는 미니멀리즘의 선구자입니다. 시카고 대학에서 수학과 철학, 줄리어드 음대에서 플루트와 작곡을 전공한 그는 파리에서 나디아 블랑제(1887~1979)를 사사하며 자신만의 양식을 모색하기 시작합니다. 그는 영화음악 작업을 하며 알게 된 인도 음악에 상당한 영향을 받았습니다. 1960년대에 요가, 인도 음악, 티베트 불교에 관심을 가지게 된 필립 글래스는 "서양 음악이 빵을 한 조각씩 썰 듯 시간을 쪼갠다면, 인도에서는 작은 단위나 '박자들'을 결합시켜 더욱 큰 시가時價로 만들어 간다."고 말했습니다. 인도 음악에서 발견할 수 있는, 주기적으로 순환하는 리듬 구조에 강한 인상을 받았고, 곧 독자적인 미니멀리즘을 구축해 나갔습니다.

그의 작품 중 가장 인상적인 작품은 〈Mad Rush〉(1979)입

필립 글래스
〈미친 질주〉
피아노 | 필립 글래스

니다. 1979년 11월, 달라이라마가 처음으로 미국을 방문하여 대중 연설을 한 것을 기념하여 작곡한 곡입니다. 60년대부터 인도 음악에 큰 영향을 받은 필립 글래스는 불교 사상에서 깊은 음악적 영감을 받아 이 곡을 작곡했습니다. 티베트인들을 위한 위로와 중국을 향한 평화적인 메시지를 함께 담고 있는 이 곡은, 달라이라마가 세인트 존 더 디바인 성당에 입장할 때 오르간으로 연주되었습니다. 제목을 직역하면 '미친 질주'로, 언뜻 보면 음악과 제목이 역설적입니다.

일정한 패턴을 느리게 점진적으로 반복하는 구조를 보여주는 이 곡은 약 15분 정도 진행되는 동안 리듬과 형식의 미묘한 변화를 느낄 수 있습니다. 또한 독특한 음색과 음향세계를 보여 줍니다. 최소한의 소재를 점차적으로 변형시켜 강렬한 리듬과 선율에 도달하고 다시 사라지는 듯한 악상으로 마무리되며, 명상적이면서도 꿈틀거리는 에너지를 담고 있어 오히려 '미친 질주'라는 제목이 더 설득력 있게 다가옵니다. 초연 당시에는 오르간으로 연주되었지만 현재는 주로 피아노로 연주되며, 때때로 두 명의 피아니스트가 함께 연주하기도 합니다.

미니멀리즘에 충실한 또 다른 작품 중 하나는 건반악기를 위한 〈Two Pages〉(1968)입니다. G, C, D, E♭, F의 다섯 음으로만 이루어진 패턴의 반복으로 음의 첨가와 삭제를 다양한 방법으로 시도하고 있는데, 화성, 리듬, 음색, 다이나믹의 변화가 없습니다. 무수한 반복과 미세한 변화를 통해서 팽창과 수축의 기법을 거듭하고, 임의의 패턴을 계속 증강시키는 초기의 '미니멀리즘'을 철저하게 고수했던 필립 글래스는 반복 형식에 대한 의미를 새롭게 했습니다. 전통적인 반복의 형식에 반해서 매 순간 새롭고 고유한 음악적인 아이디어를 만들어 낼 수 있는 가능성을 열어 둔 '미니멀리즘'은 단순한 동일성을 나열하는 것이 아닌, '차이'를 만들어 내는 새로운 음악적 사유를 표현한 것입니다.

 필립 글래스
〈Two Pages〉
피아노 | 아담 텐들러

필립 글래스는 80년대를 지나면서 극음악과 영화음악 등 여러 장르에서 대중들과 호흡하며 현재까지 왕성한 음악 활동을 이어오고 있습니다. 작품 활동 초반부터 비서구권 음악에 몰두했던 그는 마틴 스콜세지가 연출한, 제14대 달라이라마를 주인공으로 한 영화 〈쿤둔〉(1997)의 음악을 담당했습니다. 모든 것이 짜여진 각본이었던 영화 〈트루먼 쇼〉(1998)의 주인공이 잠드는 모습이 대형 모니터에 나타날 때, 방송국 스튜디오 한 쪽에서 피아노를 연주하며 등장하기도 했습니다. 또한 박찬욱 감독의 영화 〈스토커〉(2013)의 영화

음악에도 참여하는 등 알고 보면 우리에게 상당히 익숙한 작곡가이기도 합니다.

스스로 "내 목표는 언제나 더 많은 대중을 찾아나서는 것이었다."고 말할 만큼 전통과 진보 사이에서, 비주류와 주류를 넘나드는 유리(glass)처럼 다양한 행보를 보여 준 그의 "관습 밖을 질주(Mad Rush)"하는 미니멀리즘 작품들을 불자들에게 꼭 한번 권유해 드리고 싶습니다. 음악적 내용으로도, 작품의 배경으로도 이렇게 불교와의 접점을 가진 클래식 작곡가는 드뭅니다. 출가재일과 열반재일을 맞아 부처님의 '새로운 탄생'을 기념하며 많은 이들이 기도 정진하는 이른 봄, 필립 글래스의 작품들을 함께하며 평온함과 에너지를 동시에 느껴보는 것은 어떨까요.

2. 점진적 변화, 스티브 라이히

스티브 라이히(Steve Reich, 1936~)는 필립 글래스와 함께 미국의 미니멀리즘을 대표하는 작곡가입니다. 어렸을 때부터 클래식 음악을 좋아했지만 코넬 대학교에서 철학을 공부한 뒤 줄리어드 음악원에 입학해 본격적으로 음악 공부를 시작했습니다. 개방적이고 현대적인 음악을 추구했던 그는 현대 음악의 중심지인 샌프란시스코로 옮겨 밀즈 대학에서 루치아노 베리오(1925~2003)를 사사했습니다. 뉴욕으로 돌아와서는 미니멀리즘 미술가들과 교류하며 주로 갤러리에서 연주회를 가졌습니다.

스티브 라이히의 미니멀리즘이 본격적으로 드러나는 곡은 두 대의 피아노를 위한 〈피아노 페이즈Piano Phase〉(1967)입니다. 이 곡은 그가 처음으로 그의 고유한 작곡 기법인 '페이징phasing기법'을 사용해서 작곡한 기악곡입니다. 페이징은 같은 음형을 여러 악기가 동시에 연주하다가 점차 한 박자씩 서로 어긋나며 새로운 조합을 만들어 내는 작곡기법입니다. 캐논이나 푸가의 아이디어와도 유사한 이 작곡법은 들는 이를 집중하게 만듭니다.

　그의 작품은 단순한 반복만이 아닌, 상당히 미묘한 '점진적인 변화'가 일어나는 것이 특징입니다. 다섯 개의 음으로 이루어진 16분음표 여덟 개의 계속된 반복이 이 곡의 첫 부분입니다. 두 명의 연주자가 연주를 같이 시작하지만, 한 명이 조금 빠르게 연주하기 시작하며 두 명의 연주 속도는 어긋나게 됩니다.

　〈피아노 페이즈〉는 그가 밝힌 대로 "점진적인 과정으로서의 음악"입니다. 일정하게 중첩된 패턴에 의해 형성된 그 결과물은 예기치 않은 변화를 가져오고, 듣는 이로 하여금 새로운 형태의 멜로디를 만들어지게 합니다. 일종의 계획적인 우연성이죠. 대칭적인 특징을 보이는 첫 번째 부분은 많은 음악학자들의 연구 대상이기도 합니다. 스티브 라이히는 후에 이 작품을 한 옥타브 낮춰 두 대의 마림바를 위한 곡으로 편곡하기도 했습니다.

　1960년대 미국 음악계의 주류였다고 해도 과언이 아닌 미니멀리즘 열풍은 프랑스 작곡가 에릭 사티(1866-1925)에게서 일부 영향을 받았다고 해도 좋을 것 같습니다. 그 규모에 있어서는 미니멀리즘과는 거리가 멀지만, 박자표와 마디가 없는 한 페이지 분량의 곡을 840번 반복하라는 지시어가 쓰인 〈벡사시옹Vexations〉(1893)이라는 작품이 있습니다. 물론 단순한 '반복에 대한 개념의 집요함'이 만들어 낸 작품입니다. 하지만 이 작품은 '반복'이라는 매우 단순한 명제를 가장 솔직하게 보여 주며, 동시에 음악 그 자체로 감상할 때에는 결과적으로 매우 평온하고 단순합니다.

사티
〈벡사시옹〉
피아노 | 이고르 레빗

스티브 라이히의 1972년 작품인 〈클래핑 뮤직Clapping Music〉은 리듬으로만 이루어진 작품입니다. '손뼉음악'이라고 풀이할 수 있는 이 곡은 두 사람이 손뼉으로만 연주하며, 아이디어는 상당히 원시적이면서도 간단합니다. 음악의 가장 기본적 단위인 반복이라는 매우 간단한 명제를 약간의 변화만으로 시종일관 두 연주자는 주어진 한 마디를 지속적으로 연주하게 됩니다. 12개의 단위로 나눠져 있는 리듬(12/8 박자로 인식되는 한 마디)을 동시에 연주하고 한 단위씩 어긋나게 연주하여 12번씩 반복을 하는 과정의 이 작품은 개념적으로 군더더기가 없는 미니멀리즘입니다. 장소와 주위 환경에 영향을 받지 않고 '두 명의 사람'만 존재하면 작품이 연

스티브 라이히
〈클래핑 뮤직〉
연주 | 스티브 라이히, 울프란 윙켈

주될 수 있다는 점도 상당히 독특합니다.

스티브 라이히의 작품들을 살펴보면 수 세기에 걸쳐 당연하다고 여겨져 왔던 예술적 가치관에 대해 다시 한번 생각해 보게 됩니다. 가치관이라는 것은 문화, 종교, 사회라고 하는 한정된 시공간 안에서는 절대적인 가치를 지니는 것처럼 보여도 전체적인 관점에서는 상대적일 수밖에 없죠. 개념과 상황에 따라 모든 가치관은 상대적이며, 예술에 있어서도 마찬가지일 것입니다.

부처님께서 수보리에게 "여래가 가장 높은 최상의 깨달음을 얻은 바가 있다고 생각하느냐? 또한 여래가 어떤 특정한 진리를 설했다고 생각하느냐?"라고 물으셨습니다. "제가 알기로는 부처님께서 '가장 높은 최상의 깨달음이라고 할 만한 일정한 법이 없다(無有定法).'라고 말씀하셨으며, '이것만이 진리이다.'라고 말씀하지 않으셨습니다. 여래가 설한 법은 얻을 수도 없고, 말할 수도 없으며, 또한 법이라고 할 수도 없고, 법이 아니라고도 할 수 없기 때문입니다." 『금강경』 제7품의 내용입니다.

'일정한 법이 없는 것이 최상의 깨달음이다'라는 부처님의 가르침이 오버랩되는 상당히 흥미로운 곡이 있습니다. 〈나무 조각을 위한 음악(Music for Pieces of Wood)〉(1973)으로, 특정한 음정과 울림을 지닌 음색에 따라 선택된 나무 클라베

clave 한 쌍으로 연주하는 곡입니다. 스페인어로 열쇠를 뜻하는 클라베는 원통형 나무 조각으로 된 쿠바의 리듬악기이며, 주로 라틴 아메리카와 아프리카의 춤곡의 리듬을 연주할 때 쓰입니다.

이 곡은 다섯 명의 연주자가 각기 다른 음정을 가진 클라베로 반복된 리듬을 겹겹이 쌓아가며 연주하도록 작곡되었습니다. A, B, C#, D# 그리고 한 옥타브 위의 D#음정을 소리 내는 다섯 개의 클레베 소리는 목탁소리를 연상시킵니다. 이 곡 역시 스티브 라이히의 고유의 기법인 '페이징'이 사용되었으며, 계속되는 반복과 중첩을 보여 줍니다. 또한 가장 단순한 악기들만으로 음악을 만들며 형식과 내용 모두 '미니멀'한 아이디어를 담고자 했던 그의 전작 〈클래핑 뮤직〉과도 그 맥락을 같이합니다.

단순함과 간결함을 추구하는 예술과 문화적인 흐름을 나타내는 미니멀리즘은 불필요한 것들을 없애고 최소한의 것으로 최대한의 것을 지향하는 하나의 경향이지만, 이 흐름은 상당히 오랫동안 주기적으로 반복되고 있습니다. 음악에서의 미니멀리즘은 미술에서 영향을 받아 1960년대 전후로 나

스티브 라이히
〈나무 조각을 위한 음악〉
연주 | 런던심포니 오케스트라 타악기 앙상블

타났습니다. 지나친 소비주의에 대한 반향으로 경제적으로 미니멀리즘을 추구했던 1970년대 초반의 경향보다 10년을 앞서갔습니다.

21세기가 20년이 지난 현대사회에서도 하나의 트렌드가 되고 있는 미니멀리즘의 아이디어를 기원전 500년부터 이야기했던 불교야말로 가장 현대적이고 세련된 종교가 아닐까요. 목탁을 연상케 하는 스티브 라이히의 클라베를 위한 작품과 무유정법의 가르침, 그리고 간결하고 단순한 외형으로 더 다양한 의미를 만들어 낼 수 있는 미니멀리즘을 함께 생각해 봅니다.

3. 풍성한 미니멀리즘, 존 아담스

"눈앞의 경계가 마음의 헛된 움직임이라는 것을 알고 그 것을 점점 초월하라. 눈앞의 사물은 객관적으로 가치가 있는 것이 아니라 주관적으로, 혹은 자신의 견해대로 만들어 낸 것에 불과한 것이다."

『대승기신론』의 내용입니다. 고정관념(相)을 깨야 한다는 이야기입니다. 현대 예술도 어떤 일반적인 편견이나 경향 등이 존재합니다. 대부분의 음악 감상자는 현대음악에 대해서 주로 상식을 파괴한 파격성이나 의외성, 또는 추상성을 기대하는 것이 일반적입니다.

실제로 2차 세계대전의 종식은 새로운 음악 발전에 있어 진정한 전환점이 되었습니다. 전쟁으로 인한 엄청난 피해를 회복하기 위한 노력은 비약적인 경제적인 발전을 가져왔고 그 결과로 낙관주의가 팽배하게 되었습니다. 1950년대 이후의 미국은 많은 사람들이 수준 높은 문화생활을 누릴 정도로 예술이 번성했고, 특히 음악은 급진적인 실험의 단계로 접어

들었습니다.

이 시기의 현대음악은 두 가지의 주류를 형성합니다. 하나는 '통제'에 의해 체계성을 음렬주의(serialism), 총렬주의(total serialism) 등으로 표현한 것입니다. 대표적인 작곡가로 불레즈, 슈톡하우젠, 배빗 등을 꼽을 수 있습니다. 다른 하나는 완전히 상반된 개념인 '자유'에 의한 진지한 실험입니다. 새로운 사운드 텍스처에 관한 작업을 주로 했던 펜데레츠키(1933-2020)와 '완전한 자유'와 '우연성'에 기반을 두었던 존 케이지 등의 작곡가를 들 수 있습니다. 이들의 모더니즘은 확장된 아이디어를 바탕으로 청중들에게 현대음악에 대한 기대감을 주기에 충분했습니다.

하지만 20세기는 급격한 변화의 시기였던 만큼, 이러한 경향 역시 20년을 넘기지 못했습니다. 1960년대 후반 소위 '포스트모더니즘'이라고 불리는 또 다른 현대음악의 새로운 주류가 형성되기 시작했습니다. 그중 미니멀리즘은 대중음악과의 '진지한' 결합을 생각하는 사조였습니다. 스티브 라이히와 필립 글래스로 대표되는 1세대 미니멀리즘 작곡가들은 리듬에 중점을 두거나 이국적인 배경 등을 작품에 녹여냈습니다.

뉴 에이지 음악과도 그 경계를 함께하고 있으며, 동양 음악의 다소 늘어지는 성격이나 명상적인 요소도 함께 느낄 수 있는 미니멀리즘도 있었습니다. 2세대 미니멀리즘의 선두 주자라고 할 수 있는 존 아담스(1947~)의 작품들이 그 대표적인 예입니다. 뉴잉글랜드에서 자란 존 아담스는 어린 시절부터 클라리넷 연주에 소질을 보였고, 지역 오케스트라를 지휘할 만큼 음악적 능력이 뛰어났습니다. 하버드 대학교를 졸업한 그는 1971년 현대음악의 메카인 샌프란시스코로 옮겨 활동을 시작합니다. 1978년 샌프란시스코 심포니 오케스트라의 현대음악 감독으로 일하면서 최초의 미니멀리즘 작품을 발표합니다.

피아노 독주곡 〈프리지안 게이트Phrygian Gate〉(1978)는 연주시간이 25분가량 되는 작품으로, 샌프란시스코에서 피아니스트 맥 맥크레이(Mack McCray, 1943~)(*저자의 지도교수)의 연주로 초연되었습니다. 이 곡은 미니멀리즘 작품 중 솔리스트가 무대에 올리기에도 손색이 없는 레퍼토리로 꼽힙니다. 존 아담스의 음악적 양식을 처음으로 보여 주는 작품이자, 음렬기법과 음향 위주의 음악이 주류를 이루던 현대음악에 조성 음악적인 양식의 복귀를 예고하는 의미 있는 작품이기도 합니다.

존 아담스
〈프리지안 게이트〉
피아노 | 프랑크 듀프리 (2022년 대관령 음악제)

〈프리지안 게이트〉에서 존 아담스는 규칙적인 리듬 안에 사용된 불규칙적인 엑센트로 전체적이 곡의 진행 방향을 보여 주기도 하고, 수직적이고 수평적인 리듬의 연속으로 이루어진 폴리리듬(polyrhythm, 서로 다른 박의 조합으로 이루어진 리듬)으로 독특한 미니멀리즘을 추구했습니다. 프리지안 선법(mode)의 구성음과 5도의 간격으로 구성된 순환구조(A-E-B-F#-C#-G#…)의 음들, 그리고 조성을 확립해주는 7화음 등을 사용하였습니다. 또한 재즈의 감성도 담고 있어, 현대인들을 위한 맞춤 음악 같은 느낌도 구현했다고 평가받습니다.

존 아담스는 미니멀리즘에서도 특별히 '화성'의 중요성을 강조하며 작곡했습니다. 그는 자서전에서 '화성은 가만히 한 곳에 있지 않고 끊임없이 새로운 조성으로 바뀌고 긴장과 이완을 반복하게 하여 듣는 이로 하여금 집중할 수 있는 힘을 준다.'고 그 중요성을 밝혔습니다. 음악에서의 미니멀리즘의 특성으로 최면이나 명상과 같은 효과를 꼽는데, 그의 음악은 이런 점에서 듣는 이에게 상당한 영향력을 미칠 수 있습니다.

존 아담스는 다양한 소재들을 자신의 기법으로 소화하며 대중과 가장 가까워졌습니다. 그의 미니멀리즘은 단순히 소리와 리듬의 반복에만 그치지 않았습니다. 중세의 선법과 바로크 시대의 대위법적 작곡법, 그리고 고전과 낭만 시대를 통하는 화성과 인상주의의 묘사적 기법을 비롯하여 재즈풍의 감성까지 모두 작품 속에 자연스럽게 녹여냈습니다.

특히 오케스트라 작품 〈빠른 기계 속에서의 짧은 주행(Short Ride in a Fast Machine)〉(1986)에서는 긴장감 넘치는 속도로 표현된 미니멀리즘의 또 다른 모습을 보여 줍니다. 화성의 기능이 배제된 음렬주의 기법의 음악들과 리듬 위주의 1세대 미니멀리즘과는 정반대였습니다. 풍부한 화성으로 청중이 집중하여 감상할 수 있는 그만의 발전된 미니멀리즘이었습니다. 존 아담스는 반복과 변형이라는 기본적인 명제를 따르면서도 자신만의 어법으로 '현대음악은 듣기 어렵고 난해하다'라는 고정관념을 깨뜨렸습니다.

존 아담스
〈빠른 기계 속에서의 짧은 주행〉
연주 | BBC 심포니 오케스트라 · 지휘 | 마린 알솝

존 아담스의 미니멀리즘 음악을 감상하면 '수연불변隨緣不變'을 떠올리게 됩니다. 연緣에 따르지만, 본질과 근원은 변하지 않는다는 뜻을 음악에도 적용해 볼 수 있습니다. 그의 작품들은 모두 '미니멀리즘'이라는 근원적 불변성 위에 그 상황에 맞게 대응하고 융통성 있게 변화를 주어 만들어진 뛰어난 작품들입니다.

여성 작곡가로는 최초로 퓰리처상을 수상한 엘렌 타페 츠

빌리히(1939~)는 이렇게 말했습니다.

"우리는 우리 시대의 음악을 잘못 분류해 왔다. 음악에는
여흥만을 위한 음악과 심오하기만 한 음악이 있다. 만약
우리가 예술가로서 충분히 인간적이길 원한다면, 인간의
모든 경험을 관통하여 자유롭게 움직일 수 있어야 한다."

어쩌면 존 아담스의 작품들은 이러한 화두에 대한 답일지
도 모릅니다. 상相을 깨라는 경전의 가르침처럼, 작품성과
대중성을 모두 잡은 그는 현대음악의 고정관념을 깬 선구적
작곡가임에 틀림없습니다.

에필로그

몇 년 전, 아주 우연한 기회에 '부처님오신날' 특집 불교방송 라디오에 출연하게 되었습니다. 부처님오신날에 어울리는 클래식 음악을 소개하는 프로그램이었습니다. 문득 대학원 시절 한 학기 동안 드뷔시 작품을 연구하면서 했던 생각들이 떠올랐습니다.

온음음계를 만들어 모든 음에 동등한 지위를 부여했던 드뷔시의 작품들이 선율적으로 동양적인 느낌을 주기도 하지만, 어딘가 모르게 불교와 관련이 있을 것 같다고 느꼈던 경험이 있습니다. 그리고 선곡을 하기 전에 부처님의 탄생뿐 아니라 일생 전체를 클래식 음악으로 설명할 수 있겠다는 생각도 들었습니다.

경이로운 부처님의 탄생을 표현하기 위해서 아름답기만 한 봄노래보다는 모든 것을 성취한 붓다를 상징할 수 있는, 봄의 다양한 모습들을 담은 곡을 택하고 싶었습니다. 그때 떠오른 곡이 슈만의 첫 번째 교향곡입니다.

슈만은 은유와 상징이 가득한 문학적인 음악 언어로 자신의 예술 세계를 표현했는데, 이 때문인지 부처님오신날 가장 먼저 생각난 작곡가였습니다. 뉴욕 필하모닉 오케스트라가 처음 내한 공연을 했을 때, 가장 존경하는 지휘자 번스타인의 지휘로 슈만의 교향곡이 맨 먼저 연주되었다는 점도 마음에 들었습니다.

그 어느 종교에도 찾을 수 없는 '사문유관'을 설명하기 위해서 세상에서 가장 진지하고 성실한 작곡가 브람스의 작품을 택하기로 했습니다. 예원학교 시절, 호른 연주를 처음 듣고 '멀리서 아빠가 다정하게 나를 부르는 것 같다'고 느꼈습니다. 항상 조연으로 점잖게 자리를 지키는 악기 속에 숨겨진 부정父情과도 같은 음색을 무대 가장 밝은 곳으로 끌어낸 호른 트리오를 소개하면서, 부모님의 은공에 작게나마 보답할 수 있겠다는 생각도 들었습니다. 이렇게 부처님의 탄생을 위한 작품들을 고르는 작업은 부처님의 일생 전체를 클래식 음악으로 설명하는 〈법보신문〉 연재로 이어지게 되었습니다.

클래식 음악, 서양 음악에는 그들의 세계관과 사상이 담겨 있습니다. 클래식 음악의 원류와 그 역사를 살펴보면 당연히 이웃 종교와 밀접한 관련이 있을 것이라는 생각을 하게 됩니다. 그래서 클래식 음악과 붓다의 생애를 함께 이야기한다는 것이 매우 낯설게 느껴질 수도 있습니다.

우리나라 음악과 불교는 생각보다 그 연결고리가 강하지 않지만, 우리는 불교와 동양의 음악, 특히 한국 음악이 서로 잘 어울린다고 생각하는 편입니다. 오랜 시간 불교와 그 역사를 함께해 오면서 그동안 우리의 음악이 불교에 자연스럽게 스며들어 왔기 때문입니다. 바꾸어 말하면 서양 음악으로도 충분히 붓다의 생애와 가르침을 이야기할 수 있다는 의미도 됩니다.

프랑스의 사실주의 작가 발자크는 "음악에는 한계가 없다. 음악이라는 언어는 음에 의해서 우리들의 마음에 어떤 상념, 혹은 우리들의 지성에 어떤 심상을 일깨워 준다."고 말했습니다. 음악으로 표현하고 음악으로 설명할 수 있는 것들이 무한하다는 뜻입니다.

종교는 현실적으로 혹은 합리적으로 해결할 수 없는 문제나 긴장을 해소하는 기능이 있고, 궁극적으로는 인류의 소망을 넘어서 삶과 죽음에 대한 이야기를 하고 있습니다. 특정한 형태가 없는 음音으로 구성된 음악은 논리를 넘어서 직접적인 감동을 줍니다. 음악과 종교의 공통점이라고 할 수 있습니다.

붓다와 그의 가르침은 모든 예술로 해석되고 표현될 수 있습니다. 붓다의 가르침은 특수하면서도 보편적인 진리입니다. 예술 또한 특수하면서도 보편적인 아름다움을 나타냅니

다. 모든 예술 중 가장 직접적인 감동의 울림을 주며, 인류의
보편적 감성을 공유할 수 있는 클래식 음악을 통하여 붓다
의 생애와 가르침을 해석했습니다. 클래식 음악 작품과 작곡
가들의 에피소드와 함께 붓다의 삶의 큰 부분들을 함께 풀어
보며 그 접점을 찾았습니다. 독자 여러분들께서 인류에게 남
겨진 보석과도 같은 두 진리의 세계를 함께 만나는 즐거움을
누리시기를 바랍니다.

이 책을 통해 더 많은 불자들이 클래식 음악에 더 큰 관심
을 갖는 계기가 되었으면 하는 바람입니다. 또한 클래식 애
호가들도 어렵고 낯선 불교가 아닌 친근한 느낌의 붓다를 만
나게 되었으면 좋겠습니다. 이 책이 나오기까지 힘써 주신
분들께 감사드리며, 사랑하는 나의 가족에게 이 책을 바칩
니다.

피아니스트 김준희

붓다와 클래식 음악의 지적인 대화

장형준(서울대학교 음악대학 교수, 예술의 전당 대표이사)

음악과 종교는 보다 많은 이들에게 마음의 평안을 주고 더 나아가 행복으로 이끄는 힘을 지녔다는 공통점이 있습니다. 문화적 배경이 서로 다른 두 주제가 하나로 연결될 수 있는 것도 이 공통점 때문일 것입니다. 불교와 클래식 음악을 이 렇게 조화롭게 풀어 낸 피아니스트 김준희에게 박수를 보냅 니다. 피아니스트 김준희는 무대에서 풍부한 낭만성과 함께 사색적이면서도 논리적인 연주를 보여 주는 연주자입니다.

이 책은 이성과 감성의 조화가 돋보이는 그의 연주처럼 다 채로운 레퍼토리로 붓다의 일생을 설명하고 있습니다. 클래 식 음악의 세계를 다양한 시각으로 조명하여 붓다라는 한 존 재를 더 빛나게 해줍니다.

피아니스트로서의 연주 경험과 깊은 학문적 사유를 바탕 으로 붓다의 일대기를 클래식 음악이라는 소재로 섬세하게 풀어 낸 김준희는, 불교와 클래식 음악이라는 두 영역을 자유롭게 넘나들며 음악이 다른 그 어느 예술보다 충분히 통섭적임을 증명하고 있습니다.

스물세 편의 수채화 속에서 붓다와 클래식 음악이 나누는 지적인 대화에 귀 기울여 봅니다.

교향곡 〈붓다〉를 듣는 듯

김호성(동국대학교 불교학부 교수)

피아니스트 김준희 선생의 책 잘 읽었습니다. 마치 '붓다'라는 이름으로 배우들이 연기하는 것을 감상하는 느낌도 들었습니다. 연극이든 영화든 음악이 없으면 안 됩니다. 배경 음악으로 서양의 고전 음악과 현대 음악의 주옥같은 명곡들이 울려 퍼지고 있었습니다.

'음악 감독'은 김준희 선생입니다. 몇 번, 피아노 독주회에 초청받아서 객석의 한 편에서 선생의 피아노 연주를 들은 적이 있습니다. 조금이라도 설명을 들을 수 있다면, 하고 생각했습니다. 이 책을 통해서 그때 듣지 못한 설명들을 어느 정도 들을 수 있었습니다. 물론 다 이해되지는 않았습니다. 그럼에도 불구하고, 어떤 울림이 울리는 것은 어쩔 수 없었습니다. 자꾸만 들리지 않는 소리를, 소리 없는 소리를 들으려는 저 자신을 볼 수 있었습니다. 그러한 상상력, 혹은 감수성 속에서 이 책은 교향곡 '붓다'로 연주되었습니다.

음악을 들으면서 '붓다'를 생각하고, '붓다'를 읽으면서 음악을 듣는 사람! 김준희 선생입니다. 저 같이 음악의 문밖에만 서성이던 사람조차도 감동이 적지 않았으니, 하물며 여러분은 어떠하겠습니까?

서양 음악의 경계 넘나들며 풀어 낸 붓다 이야기

진명 스님(조계종 전국비구니회 운영위원장)

누구나 성장하면서 꿈 하나씩은 품고 산다. 피아니스트 김준희도 오늘이 있기까지 꿈 하나를 품고 그 꿈을 펼치기 위해 피아노 건반 위를 유희하며 수많은 시간을 고통과 희열 속에 보냈을 것이다. 긴 시간 속 땀과 열정으로 건반 위에 쌓아온 노력이 또 하나의 이야기꽃으로 피어났다. 편견의 눈으로 보면, 전혀 어울릴 것 같지 않게 동양인이 동양 종교를 가지고 서양 음악가와 찻자리에서 자연스럽게 경계를 넘나들며 이야기꽃을 피우듯이 말이다.

우리나라에서 기악이나 성악을 공부하는 음악가의 배경은 거의 불교와 같은 동양 종교나 사상이 아닌 이웃 종교, 즉 기독교나 천주교 등이 주를 이루기 때문에 어쩌면 동양 사상과 종교를 가까이한다면 전혀 어울리지 않은 옷을 입고 있는 것이라고 생각할 것이다. 그리고 주변에서 이런 편견을 가지고 있는 분을 많이 봐 왔다. 그래서 스님이 클래식 공연장에

나타나면 낯설게 바라보는 분들이 많다. '스님은 우리나라 전통 음악 공연장에나 가야 어울리는데 왜 왔을까?' 하는 눈빛이다.

물론 서양 음악의 모태가 기독교 음악이고, 향유되고 성장한 곳이 유럽이라서 그런 편견이 있을 수 있다. 이제는 세월이 많이 흘러 세속화된 지 오래고, 동서양을 넘어 연주되면서 만국의 공통어라고 해도 과언이 아닐 정도로 국가나 종교, 인종의 벽을 넘어 21세기를 살고 있는데, 아직도 그런 편견에 잡혀 있다는 게 나에게는 아이러니이다. 그래서 어쩌면 내가 이 책을 쓴 피아니스트 김준희에 대해 호기심이 더 컸던 것인지도 모른다.

사찰에서 스님들이 새벽마다 큰 법당에 모여 붓다께 귀의하고 찬탄하며 붓다처럼 큰 원을 세우는 의식이 새벽예불이다. 그런데 출가 후 운문사에서 200여 명의 스님과 함께 새벽예불을 올릴 때, 출가 전 들었던 수사님의 그레고리오 성가가 귓전에 맴돌아 조금은 당황했지만, 칠정례를 올리며 '선율은 많이 다르지만 이렇게 각 종교 안에서 자기만의 종교 신념으로 믿고 배우고 따르는 성인을 찬탄하는구나!' 하는 생각을 했었다. 어쩌면 이런 마음으로 작가가 자신의 음악 세계 안에서 그 시선으로 붓다의 탄생에서 열반까지 자신만이 아는 빛깔로 붓다와 맞닿은 선율을 찾아 떠나는 여행길이었음을 느꼈다.

슈만의 교향곡 〈봄〉에서 작가는 붓다의 탄생을 보았다. 슈만의 삶에서 음악 여정을 생각하지 않더라도, 봄이 주는 생동감은 세상에 만물을 깨어나게 한다. 그런데 마침 그렇게 오래 기다렸던 부모님의 바람에 응답이라도 하듯이 싯다르타 태자가 봄에 태어난 것이다. 마치 시공간을 초월해 슈만이 싯다르타 태자를 맞이하듯이, 천상에서 음악 천녀들이 붓다의 씨앗을 품고 태어나는 싯다르타 태자를 맞이하며 기쁘게 음악을 연주하는 순간을 만난다. 평화로운 룸비니 동산에서 봄의 따뜻한 바람과 꽃들로 붓다를 감싸 안듯이 어우러지는 선율에서 정반왕과 마야부인의 전생부터 이어진 한없이 넓고 깊은 품을 느낄 수 있게 했다.

나는 브람스의 음악을 듣다 보면 그 선율에서 저 아랫녘 남쪽의 하늘과 마주하고 있는 잔잔한 산 능선을 그리게 된다. 아마도 이런 비유는 자기가 보고 듣고 알아 온 사물과의 교감에서 나올 수 있는 심상들일 것이다. 그래서 한 가지를 더 알아갈수록 자신이 모르고 사는 것이 얼마나 많은지를 느끼게 된다. 옛 선인들이 왜 '익은 벼가 고개를 숙인다'고 했는지를 알게 되는 대목이다. 어쩌면 작가가 느껴본 브람스의 호른 트리오가 싯다르타 태자의 사문유관에 가서 닿았는지도 모르겠다.

피아니스트로서 김준희는 자신의 음악 세계 안에서 붓다의 사문유관 같은 깨달음이 수없이 마주친 음표와 건반 위에서 반짝였을 것이고, 어쩌면 지금도 더 큰 깨달음을 향해 그 여정에 있을 것이다. 음악가의 삶도 출가 수행자 못지않게 처절한 자기 성찰과 수행이 없이는 일가를 이루기 어렵다고 생각한다. 음악 프로그램을 진행하다 보면 여러 음악가를 초대해서 인터뷰를 하게 된다. 그럴 때 꼭 묻는 게 '슬럼프'에 대한 질문이다. 아무리 음악을 즐기면서 한다고 해도 슬럼프가 없지 않을 것이기 때문이다.

출가한 수행자도 마찬가지이다. 오래 전의 일이지만, 붓다의 제자로서 출가의 길을 계속 걸어가야 할까를 깊이 고민하던 때가 있었다. 그것이 나에게 찾아온 큰 슬럼프였던 것이다. 그때 나는 어쩌면 더 치열하게 나를 점검했는지도 모른다. 하루에 1,080배를 끝없이 이어가며 자신을 채찍하고 슬럼프의 근원을 찾아 자신을 한없이 내려놓았다. 작가는 피아니스트로서의 여정에서 끝없이 자신을 채찍질했을 것이다. 그래서 붓다의 출가에서 더 위대한 포기를 보았는지도 모르겠다. 왕자의 자리를 포기하고 만난 새로운 태어남이 수천 년을 넘어 지금도, 그리고 미래세에도 더 많은 사람들의 욕심과 성냄과 어리석음에서 벗어나는 길을 인도하실 것이다.

음악은 우리 삶의 모든 소리, 즉 삶의 희로애락의 소리라고 생각한다. 소리에 동양과 서양이 어디 있겠는가. 다만 살아가는 자연환경과 전통과 관습에서 오는 차이가 있을 뿐이다. 피아니스트 김준희는 그런 차이와 다름을 넘어 음악으로 동서양을 넘나들며 시공을 넘어 붓다의 생애에서 바흐와 베토벤을 교감하게 하고, 현악기와 관악기가 호흡을 맞추며 붓다가 스승을 찾아 떠나는 고행길에 동행하게 했으며, 현대 음악가 존 케이지의 '아무 음도 연주되지 않는 곡' 〈4분 33초〉와 붓다의 성도 전 선정을 마주하게 했다. 무엇보다 모차르트의 〈그랑 파르티타〉의 단단한 구조와 견고한 음색에서 붓다의 중도 사상을 보았다는 것에서 음악가로서 또 교육자로서 마음수행의 탄탄한 경지를 엿볼 수 있었다.

끊임없는 탐구의 열정으로 피아니스트 김준희의 음악 세계가 더 넓어지고 깊어지길 기대하며 어설픈 표현을 접는다.

많은 이들이 이 책을 통해 공부하기를 염원하며……

지은이 **김준희**

피아니스트.

예원학교, 서울예술고등학교를 거쳐 서울대학교 음악대학과 동 대학원을 졸업하고 미국 일리노이대 박사 과정과 샌프란시스코 음악원 전문연주자 과정을 마쳤다. 한국일보 콩쿠르, 삼익 콩쿠르, 문화일보 콩쿠르, 리스트 국제 콩쿠르 등에 상위 입상하였고, 국내외에서 30회 이상의 독주회와 협연, 실내악 연주회를 가졌다.

법보신문에 3년간 음악칼럼을 연재했고, 유튜브를 포함한 다양한 매체를 통하여 대중과 소통해왔으며, 특히 BBS 라디오 '아침저널'의 클래식 전문 패널로 많은 호응을 받았다. 저서로는 『클래식 음악수업』(사람in, 2023)이 있다. 학문 융합적 사고를 바탕으로 한 〈슈베르트의 소나타 D. 960, 삶과 죽음을 통한 해석〉과 〈윤이상의 오라토리오 '연꽃 속의 진주여!'에 관한 연구〉, 〈K-pop에 대한 연구 동향 분석〉, 〈BTS의 노래와 유엔 연설문을 소비하는 청소년의 정서탐색화 심리표상〉 등의 논문을 발표했다.

현재 국립인천대학교 기초교육원에서 심화교양교육을 담당하고 있으며 계명대학교, 고려사이버대학교에서도 강의하고 있다.

클래식, 경계를 넘어

초판 1쇄 인쇄 2024년 3월 25일 | **초판 1쇄 발행** 2024년 4월 1일
지은이 김준희 | **펴낸이** 김시열
펴낸곳 도서출판 자유문고
　　　 (02832) 서울시 성북구 동소문로 67-1 성심빌딩 3층
　　　 전화 (02) 2637-8988 | 팩스 (02) 2676-9759
ISBN 978-89-7030-176-1 03670　값 20,000원
http://cafe.daum.net/jayumungo